AF367767

LE MENTEVR,

COMEDIE.

Suivant la Copie inprimée

A PARIS.

cIɔ Iɔ c XLVII.

EPISTRE.

MONSIEVR,

Ie vous presente vne piece de Theatre d'vn style si esloigné de ma derniere, qu'on aura de la peine à croire qu'elles soient parties toutes deux de la mesme main, dans le mesme Hyuer. Aussi les raisons qui m'ont obligé à y trauailler, ont esté bien differentes. I'ay fait Pompee pour satisfaire à ceux qui ne trouuoient pas les vers de Polyeucte si puissants que ceux de Cinna, & leur monstrer que i'en sçaurois bien retrouuer la pompe, quand le suiet le pourroit souffrir; i'ay fait le Menteur pour contenter les souhaits de beaucoup d'autres, qui suiuant l'humeur des François ayment le changement, & apres tant de Poëmes graues dont nos meilleures plumes ont enrichy la Scene, m'ont demandé quelque chose de plus enioué qui ne seruist qu'à les diuertir. Dans le premier i'ay voulu faire vn essay de ce que pouuoit la Majesté du raisonnement & la force des vers desnués de l'agréement du suiet: dans celuy-cy i'ay voulu tenter ce que pourroit l'agréement du suiet desnué de la force des vers. Et d'ailleurs estant obligé au genre Comique de ma premiere reputation, ie ne pouuois l'abandonner tout à fait sans quelque espece d'ingratitude. Il est vray que comme alors

que

que ie me hazarday à le quitter, ie n'ofay me fier
a mes feules forces, & que pour m'efleuer a la dignité
du Tragique, ie pris l'appuy du grand Seneque, à
qui i'empruntay tout ce qu'il auoit donné de rare à
fa Medée ; ainfi quand ie me fuis refolu de repaffer
du Heroïque au naif, ie n'ay ofé defcendre de fi haut
fans m'affeurer d'vn guide, & me fuis laiffé con-
duire au fameux LOPE DE VEGA, de peur de
m'efgarer dans les deftours de tant d'intriques que
fait noftre Menteur. En vn mot ce n'eft icy qu'vne
copie d'vn excellent original qu'il a mis au iour
fous le tiltre de LA SOSPECHOSA VERDAD, &
me fiant fur noftre Horace qui donne liberté de tout
ofer aux Poëtes ainfi qu'aux peintres, i'ay creu que
nonobftant la guerre des deux Couronnes, il m'eftoit
permis de trafiquer en Efpagne. Si cette forte de
commerce eftoit vn crime, il y a long temps que ie
ferois coupable, ie ne dy pas feulement pour le Cid,
où ie me fuis aydé de D. Guillen de Caftro, mais
auffi pour Medée dont ie viens de parler, & pour
Pompée mefme, où penfant me fortifier du fecours
de deux Latins, i'ay pris celuy de deux Efpagnols,
Seneque & Lucain eftants tous deux de Cordoüe.
Ceux qui ne voudront pas me pardonner cette intelligence auec nos ennemis, approuueront du moins
que ie pille chés eux, & foit qu'on faffe paffer cecy
pour vn larcin, ou pour vn emprunt, ie m'en fuis
trouué fi bien, que ie n'ay pas enuie que ce foit le dernier que ie feray chéz eux. Ie croy que vous en ferés
d'aduis & ne m'en eftimerez pas moins. Ie fuis,

M O N S I E V R.

Voftre tres-humble feruiteur

CORNEILLE.

In

A MONSIEVR

CORNEILLE,

Sur sa Comedie,

LE

MENTEUR.

ET bien, ce beau Menteur,
ceste piece fameuse,
Qui estonne le Rhin & faict
rougir la Meuse.
Et le Tage & le Pó, & le
Tibre Domain,
De n'auoir rien produict d'esgal à ceste
main.
A ce Plaute rené, à ce nouueau Terence,
La trouue-on si loing ou de l'indifference
Ou du juste mespris des sçauants d'au-
jourdhuy?
I'ose dire au rebours, qu'elle a besoin d'ap-
puy,
De grace, de pitié, de faueur affettée,
D'extreme charité, de Louange empruntée,
Elle

Elle est platte, elle est fade, elle manque de
        Sel,   (zel
De pointe, & de Vigueur; & n'y a Carou-
Où la rage & le vin n'enfante des Cor-
        neilles
Capables de fournir de plus fortes mer-
        veilles
        Qu'ay-je dis? ha, Corneille, ayme mon
        repentir,
Ton excellét Menteur, m'a porté à mentir,
Il m'a rendu le faux si doux & si aymable,
Que sans m'en adviser i'ay veu le verita-
        ble
Ruiné de credit, & ay creu constamment
N'y auoir plus d'honneur qu'à mentir
        vaillament
        Apres tout, le moyen de s'en pouuoir de-
        dire?
A moins que d'en mentir je n'en pouuoy
        rien dire.
La plus haute pensée au bas de sa valeur
Deuenoit injustice & injure à l'Auteur.
Qu'importe donc qu'on mente, ou que
        d'vn foible eloge
A ton menteur faussemét on deroge?
        orte que les Dieux se trouuent irri-
        tez
De menzonges, ou bien de fausses veritez.

Constanter.

* 4   A C-

ACTEURS.

GERONTE Pere de Dorante.

ARGANTE Gentilhomme de Poitiers amy de Geronte.

DORANTE fils de Geronte.

ALCIPPE amy de Dorante & Amant de Clarice.

PHILISTE amy de Dorante & d'Alcippe.

CLARICE maistresse d'Alcippe.

LVCRECE amie de Clarice.

ISABELLE suiuante de Clarice.

SABINE femme de chambre de Lucrece.

CLITON valet de Dorante.

LYCAS valet d'Alcippe.

La Scene est à Paris.

LE
MENTEUR,
COMEDIE.

ACTE I.
SCENE PREMIERE.
DORANTE, CLITON.

DORANTE.

A LA fin i'ay qu'itté la robbe pour
l'eſpée,
L'attente où i'ay veſcu n'a point eſté
trompée,
Mon pere a conſenty que ie ſuiue
mon choix,
Et ie fay banqueroute à ce fatras de loix.
Mais puiſque nous voicy dedans les Thuilleries,
Le pais du beau monde & des galanteries,
Dy-moy, me trouues tu bien fait en Caualier?
Ma mine a-t'elle rien qui ſente l'eſcolier?
Qui reuient cõme moy des Royaumes du Code,
Rapporte rarement vn viſage à la mode.

A   CLI-

CLITON.

Cette regle, Monsieur, n'est pas faite pour vous,
Vous frerez en vne heure icy mille jaloux;
Ce visage & ce port n'ont point l'air de l'escole,
Et iamais comme vous on ne peignit Bartole,
Ie preuoy du mal heur pour beaucoup de maris :
Mais que vous semble encor maintenant de Paris?

DORANTE.

I'en trouue l'air bien doux, & cette loy bien rude
Qui m'en auoit banni sous pretexte d'estude.
Toy qui sçais les moyens de s'y bien diuertir
Ayant en le bonheur que de n'en point sortir,
Dy moy comme en ce lieu l'on gouuerne les Da-
mes.

CLITON.

C'est là le plus beau soin qui vienne aux belles
ames
(Disent les beaux esprits) mais sans faire le fin
Vous auez l'appetit ouuert de bon matin
D'hier au soir seulement vous estes dans la ville,
Et vous vous ennuyez desia d'estre inutile!
Vostre humeur sans employ ne peut passer vn
iour
Et desià vous cherchez à pratiquer l'amour
Ie suis aupres de vous en fort bonne posture
De passer pour vn homme à donner tablature,
I'ay la taille d'vn maistre en ce noble mestier,
Et ie suis, tout au moins, l'intendant du quartier.

DORANTE.

Ne t'effarouche point, ie ne cherche, à vray dire,
Que quelque cognoissance où l'on se plaise à rire,
Qu'on puisse visiter par diuertissement,
Où l'on puisse en douceur couler quelque mo-
ment,
Pour me cognoistre mal tu prens mon sens à gau-
che.

C L I-

CLITON.

I'entens vous n'eftes pas vn homme de débau-
    che,
Et tenes celles là trop indignes de vous
Que le fon d'vn efcu ren l traitables les à tous.
Auffi que vous cherchiez de ces fages coquettes
Qui bornent au babil leurs faueurs plus fecrettes,
Sans qu'il vous foit permis de ioüer que des yeux,
Vous eftes d'encoleure à vouloir vn peu mieux.
Loin de paffer fon temps, chacun le perd chez
    elles,
Et le jeu, comme on dit, n'en vaut pas les chan-
    delles.
Mais ce feroit pour vous vn bonheur fans égal
Que ces femmes de bien qui fe gouuernent mal,
Et de qui la vertu, quand on leur fait feruice,
N'eft pas incompatible auec vn peu de vice.
Vous en verrez icy de toutes les façons,
Ne me demandez point cependant de leçons,
Ou ie me cognoy mal à voir voftre vifage,
Ou vous n'en eftes pas à voftre apprentiffage,
Vos loix ne regloient pas fi bien tous vos def-
    feins
Que vous euffiez toufiours vn porte-fueille aux
    mains.

DORANTE.

A'ne rien defguifer, Cliton, ie te confeffe
Qu'à Poitiers i'ay vefcu comme vit la ieuneffe,
I'eftois en ces lieux-là de beaucoup de meftiers :
Mais Paris, apres tout, eft bien loin de Poitiers,
Le climat different veut vne autre methode,
Ce qu'on admire ailleurs eft icy hors de mode.
I'en voyois là beaucoup paffer pour gens d'efprit,
Et faire encore eftat de Chimene & du Cid,
Eftimer de tous deux la vertu fans feconde,
Qui pafferoient icy pour gens de l'autre monde.

                              Et

Et se feroient siffler si dans vn entretien
Ils estoient si grossiers que d'en dire du bien.
Chez les Prouinciaux on prend ce qu'on ren-
	contre,
Et là, faute de mieux , vn sot passe à la monstre :
Mais il faut à Paris bien d'autrez qualitez,
On ne s'esbloüit point de ces fauses clartez,
Et tant d'honneste gens que l'on y voit ensemble
Font qu'on est mal receu si l'on ne leur ressem-
	ble.

C L I T O N.

Cognoissez mieux Paris , puisque vous en parlez,
Paris est vn gräd lieu plein de marchands meslez,
L'effet n'y respond pas tousiours à l'apparence,
On s'y laisse duper autant qu'en lieu de France,
Et parmy tant d'esprits plus polis & meilleurs
Il y croit des badauts autant & plus qu'ailleurs.
Dans la confusion que ce grand monde apporte
Il y vient de tous lieux des gens de toute sorte,
Et dans toute la France il est fort peu d'endroits
Dont il n'ait le rebut aussi-bien que le choix.
Comme on s'y cognoist mal , chacun s'y fait de
	mise,
Et vaut communément autant comme il se prise,
De bien pires que vous s'y font assez valoir ;
Mais pour venir au point que vous voulez sça-
	uoir,
Este vous liberal ?

D O R A N T E.
Ie ne suis point auare.

C L I T O N.

C'est vn secret d'amour & bié grand, & bien rare,
Mais il faut de l'adresse à le bien debiter,
Autrement on s'y perd au lieu d'en profiter.
Tel donne à pleines mains qui n'oblige personne,
La façon de donner vaut mieux que ce qu'on
	donne, L'vn

L'vn perd exprés au jeu son present desguisé,
L'autre oublie vn bijou qu'on auroit refusé,
Vn lourdaut liberal aupres d'vne maistresse
Semble donner l'aumosne alors qu'il fait largesse,
Et d'vn tel contretemps il fait tout ce qu'il fait,
Que quand il tasche à plaire, il offence en effet.

DORANTE.

Laissons-là ces lourdauts contre qui tu declames,
Et me dy seulement si tu cognois ces Dames.

CLITON.

Non cette marchandise est de trop bon aloy,
Ce n'est point la gibier à des gens comme moy,
Il est aisé pourtant d'en sçauoir des nouuelles,
Et bientost leur Cocher m'en dira des plus belles.

DORANTE.

Penses-tu qu'il t'en die?

CLITON.

Assez pour en mourir.
Puisque c'est vn Cocher , il ayme à discourir.

SCENE II.

DORANTE, CLARICE, LV-
CRECE, ISABELLE.

CLARICE *Faisant vn faux pas , &*
comme se laissant choir.

AY.

DORANTE *luy donnant la main.*
Ce malheur me rend vn fauorable office,
Puisqu'il me donne lieu de ce petit seruice,
Et c'est pour moy, Madame , vn bôheur souuerain
Que cette occasion de vous donner la main.

CLARICE.

L'occasion icy fort peu vous fauorise.

Et

Et ce foible bonheur ne vaut pas qu'on le prife.

DORANTE.

Il eft vray, ie le dois tout entier au hazard,

Mes foins, ny vos defirs n'y prennent point de
part,

Et fa douceur meflée auec cette amertume

Ne me rend pas le fort plus doux que de couftu-
me,

Puis qu'enfin ce bonheur que i'ay fi fort prifé

A mon peu de merite euft efté refusé.

CLARICE.

S'il a perdu fi toft ce qui pouuoit vous plaire,

Ie veux eftre à mon tour d'vn fentiment contraire,

Et croy qu'on doit trouuer plus de felicité

A poffeder vn bien fans l'auoir merité.

I'eftime plus vn don qu'vne recognoiffance,

Qui nous donne fait plus que qui nous recom-
penfe,

Et le plus grand bonheur au merite rendu

Ne fait que nous payer de ce qui nous eft deu.

Le faueur qu'on merite eft toufiours acheptée,

L'heur en croift d'autant plus, moins elle eft me-
ritée,

Et le bien où fans peine elle fait paruenir,

Par le merite à peine auroit pû s'obtenir.

DORANTE.

Auffi ne croyez pas que iamais ie pretende

Obtenir par merite vne faueur fi grande,

I'en fçay mieux le haut prix, & mon cœur amoureux.

Moins il s'en cognoit digne, & plus s'en tient
heureux.

On me l'a pû toufiours defnier fans iniure,

Et fi la receuant ce cœur mefme en murmure,

Il fe plaint du malheur de fes felicitez

Que.

Que le hazard luy donne & non vos volontez.
Vn amant a fort peu dequoy se satisfaire
Des faueurs qu'on luy fait sans dessein de les
     faire,
Comme l'intention seule en forme le prix,
Assez souuent sans elle on les joint au mespris.
Iugez par la quel bien peut receuoir ma flame
D'vne main qu'on me donne en me refusant
     l'ame,
Ie la tiens, ie la touche, & ie la touche en vain,
Si ie ne puis toucher le cœur auec la main.

CLARICE.

Cette flame, Monsieur, est pour moy fort nou-
     uelle
Puisque i'en viens de voir la premiere estincelle,
Si vostre cœur ainsi s'embrase en vn moment,
Le mien ne brusle pas du moins si promptement;
Mais peut-estre à present que i'en suis auertie
Le temps donnera place à plus de symparie,
Confessez cependant qu'à tort vous murmurez
Du mespris de vos feux que i'auois ignorez.

SCENE III.

DORANTE, CLARICE, LVCRE-
CE, ISABELLE, CLITON.

DORANTE.

C'Est l'effet du malheur qui par tout m'accom-
     pagne,
Depuis que i'ay quitté les guerres d'Allemagne,
C'est à dire, du moins depuis vn an entier,
Ie suis & iours & nuit dedans vostre quartier,
Ie vous cherche en tous lieux, au bal, aux prome-
     nades,
Vous n'auez que de moy receu des serenades,

A 4   Et

Et ie n'ay pû trouuer que cette occasion
A vous en tretenir de mon affection.

CLARICE.

Quoy vous auez donc veu l'Allemagne & la
guerre ?

DORANTE.

Ie m'y suis fait long-temps craindre comme vn
tonnerre.

CLITON.

Que luy va t'il conter?

DORANTE,
Et durant tout ce temps
Il ne s'est fait combats, ny sieges importans,
Nos armes n'ont iamais remporté de victoire,
Où cette main n'ait eu bonne part à la gloire,
Et la Gazette mesme à souuent diuulgez...

CLITON *le tirant par la basque,*
Scauuez, vous bien, Monsieur, que vous extraua-
guez ?

DORANTE.

Tay-toy.

CLITON.
Vous resuez dis-ie, ou.

DORANTE.
Tay-toy, miserable.

CLITON.
Vous venez de Poitiers, ou ie me donne au Dia-
ble.
Vous en reuinstes hier.

DORANTE *à Cliton.*
Maraut, te tairas tu ?
à Clarice.
Auec assez d'honneur i'ay souuent combatu,
Et mon nom a fait bruit peut-estre auec iustice,

CLARICE.
Qui vous a fait quitter vn si noble exercice?

Ro-

DORANTE.

Reuenu l'autre hyuer pour faire icy ma Cour
Ie vous vis, & ie fus retenu par l'amour.
Attaqué par vos yeux ie leur rendis les armes,
Ie me fis prisonnier de tant d'aymables charmes,
Ie leur liuray mon ame, & ce cœur genereux
Dés ce premier moment oublia tout pour eux.
Vaincre dans les combat, commander dans l'ar-
    mée,
De mille exploits fameux enfler ma renommée,
Et tous ces nobles soins qui m'auoient sçeu rauir,
Cederent aussi tost a ceux de vous seruir,

ISABELLE *à Clarice tout bas.*

Madame, Alcippe approche, il aura de l'om-
    brage.

CLARICE.

Nous en sçaurons, Monsieur, quelque iour da-
    uantage.
Adieu.

DORANTE.

Quoy, me priuer si tost de tout mon bien!

CLARICE.

Nous n'auons pas loisir d'vn plus long entretien,
Et malgré la douceur de me voir cajolée,
Il faut que nous fassions seules deux tours d'al-
    lée.

DORANTE.

Cependant accordez a mes vœux innocents
La licence d'aymer des charmes si puissants.

CLARICE.

Vn cœur qui veut aymer & qui sçait comme
    on ayme
N'en demande iamais licence qu'a soy mesme.

A 5   SCE-

SCENE IV.

DORANTE, CLITON.

DORANTE.

Svy-les, Cliton.

CLITON.

I'en sçay ce qu'on en peut sçauoir,
La langue du Cocher à bien feit son deuoir.
La plus belle des deux, dit-il, est ma maistresse,
Elle loge à la place, & son nom est Lucrece.

DORANTE.

Quelle place ?

CLITON.

Royale, & l'autre y loge aussi,
On n'en sçait pas le nom, mais i'en prendray
soucy.

DORANTE.

Ne te mets point, Cliton, en peine de l'appren-
dre,
Celle qui m'a parlé, celle qui m'a sçeu prendre,
C'est Lucrece, ce l'est sans aucun contredit,
Sa beauté m'en asseure & mon cœur me le dit.

CLITON.

Quoy que mon sentiment doiue respect au vostre,
La plus belle des deux, ie croy que ce soit l'autre.

DORANTE.

Quoy, celle qui s'est teuë, & qui dans nos propos
N'a iamais eu l'esprit de mesler quatre mots?

CLITON.

Ah, depuis qu'vne femme a le don de se taire,
Elle a des qualitez au dessus du vulgaire,
Cette perfection est rare, & nous pouuons

L'ap-

L'appeller vn miracle au siecle où nous viuons,
Puisqu'à l'ordre commun le Ciel fait violence
La formant compatible auecque le silence.
Moy, ie n'ay point d'amour en l'estat où ie suis,
Et quand le cœur m'en dit, i'en prens par où ie
    puis:
Mais naturellement femme qui se peut taire
A sur moy tel pouuoir & tel droit de me plaire,
Qu'eust-elle en vray magot tout le corps fagotté,
Ie luy voudrois donner le prix de la beauté.
C'est elle asseurément qui s'appelle Lucrece,
Cherchez vn autre nom pour l'objet qui vous
    blesse,
Ce n'est point là le sien, celle qui n'a dit mot,
Môsieur, c'est la plus belle, ou ie ne suis qu'vn sot.

DORANTE.

Ie t'en croy sans iurer auecque tes boutades.
Mais voicy les plus chers de mes vieux camara-
    des,
Ils semblent estonnez à voir leur action.

SCENE V.

DORANTE, ALCIPPE, PHI-
LISTE, CLITON.

PHILISTE à Alcippe.

QVoy, sur l'eau, la Musique & la collation?
ALCIPPE à Philiste.
Ouy, la collation auecque la Musique.
PHILISTE à Alcippe.
Hier au soir?
ALCIPPE à Philiste.
Hier au soir.
PHILISTE à Alcippe.
Et belle?

AL

ALCIPPE *à Philiste.*

Magnifique.

PHILISTE *à Alcippe.*

Et par qui?

ALCIPPE *à Philiste.*

C'eſt de quoy ie ſuis mal eſcaircy.

DORANTE *les ſaluant.*

Que mon bonheur eſt grand de vous reuoir icy!

ALCIPPE.

Le mien eſt ſans pareil puiſque ie vous embraſſe,

DORANTE.

I'ay rompu vos diſcours d'aſſez mauuaiſe grace,
Vous le pardonnerez a l'aiſe de vous voir.

PHILISTE.

Auecque vos amys vous auez tout pouuoir.

DORANTE.

Mais dequoy parliez vous!

ALCIPPE.

D'vne galanterie.

DORANTE.

D'amour?

ALCIPPE.

Ie le preſume.

DORANTE.

Acheuez, ie vous prie,
Et ſouffrez qu'a ce mot ma curioſité
Vous demande ſa part de cette nouueauté.

ALCIPPE.

On dit qu'on a donné Muſique a quelque Dame.

DORANTE.

Sur l'eau?

ALCIPPE.

Sur l'eau.

DORANTE.

Souuent l'onde irrite la flame.

PHILISTE.

Quelquefois.   DO-

DORANTE.

Et se fut hier au soir?

ALCIPPE.

Hier au soir.

DORANTE.

Dans l'ombre de la nuit le feu se fait mieux voir,
Le temps estoit bien pris. Cette Dame, elle est
belle?

ALCIPPE.

Aux yeux de bien du monde elle passe pour telle.

DORANTE.

Et la Musique?

ALCIPPE.

Assez pour n'en rien dedaigner.

DORANTE.

Quelque collation a pû l'accompagner?

ALCIPPE.

On le dit.

DORANTE,

Fort superbe?

ALCIPPE.

Et fort bien ordonnée.

DORANTE.

Et vous ne sçaues point celui qui l'a donnée?

ALCIPPE.

Vous en riez!

DORANTE.

Ie ry de vous voir estonné
D'vn diuertissement que ie me suis donné.

ALCIPPE.

Vous

DORANTE.

Moy-mesme.

ALCIPPE.

Et desia vous auez fait maistresse!

Do-

DORANTE.

Si ie n'en auois fait i'aurois bien peu d'adreſſe.
Depuis vn mois & plus on me voit de retour,
Mais pour certain ſujet ie ſors fort peu de iour,
La nuit *incognito* ie rends quelques viſites,
Ainſi…

CLITON *à Dorante à l'oreille.*

Vous ne ſçauez, Monſieur, ce que vous dites.

DORANTE.

Tay-toy, ſi iamais plus tu me viens aduertir…

CLITON.

I'enrage de me taire & d'entendre mentir.

PHILISTE *à Alcippe.*

Voyez qu'heureuſement dedans cette rencontre
Voſtre riual luy-meſme à vous meſme ſe monſtre.

DORANTE *reuenant à eux.*

Comme à mes chers amis ie vous veux tout con-
ter.
De cinq baſteaux qu'exprez i'auois fait appreſter,
Les quatre contenoient quatre chœurs de Muſique
Capables de charmer le plus melancholique.
Au premier violons, en l'autre luts & voix,
Des fluſtes au troiéſime, au dernier des hautsbois,
Qui tour à tour dans l'air pouſſoient des harmo-
nies
Dont on pouuoit nommer les douceurs infinies.
Le cinquiéme eſtoit grand, tapiſſé tout exprez
De rameaux enlaſſez pour conteruer le frais,
Dont chaque extremité portoit vn doux mélange
De bouquets de Iaſmin, de Grenade, & d'Oran-
ge.
Ie fis de ce baſteau la ſalle du feſtin,
La ie menay l'objet qui fait ſeul mon deſtin,
De cinq autres beautez la ſienne fut ſuiuie,
Et la collation fut auſſi-toſt ſeruie,

Ie ne vous diray point les differentes apprests,
Le nom de chaque plat, le rang de chaque mets,
Vous sçaurés seulement qu'en ce lieu de delices
On seruit douze plats, & qu'on fit six seruices,
Cependant que les eaux, les rochers, & les airs
Respondoient aux accents de nos quatre con-
          certs.
Apres qu'on eut mangé, mille & mille fusées
S'eslançant vers les Cieux ou droites, ou croisées,
Firent vn nouueau jour, d'où tant de serpenteaux
D'vn deluge de flame attaquerent les eaux,
Qu'on creut que pour leur faire vne plus rude
          guerre
Tout l'element du feu tomboit du Ciel en Terre.
Apres ce passe-temps on dança jusqu'au iour
Dont le Soleil jaloux aduança le retour,
S'il eust pris nostre aduis, ou s'il eust craint ma
          hayne,
Il eust autant tardé qu'a la couche d'Alcméne:
Mais n'estant pas d'humeur à suiure nos desirs
Il separa la troupe, & finit nos plaisirs.

A L C I P P E.

Certes, vous auez grace à conter ces merueilles,
Paris, tout grand qu'il est, en voit peu de pareilles.

D O R A N T E.

I'auois esté surpris, & l'objet de mes vœux
Ne m'auoit, tout au plus, donné qu'vne heure ou
          deux.

P H I L I S T E.

Cependant l'ordre est rare, & la despence belle.

D O R A N T E.

Ils s'est fallu passer à cette bagatelle,
Alors que le temps presse, on n'a pas à choisir.

A L C I P P E.

Adieu, nous nous verrons auec plus de loisir.

D ⊙.

DORANTE.

Faites estat de moy.

ALCIPPE *à Philiste en s'en allant.*

Ie meurs de jalousie.

PHILISTE *à Alcippe.*

Sans raison toutefois vostre ame en est saisie,
Les signes du festin ne s'accordent pas bien.

ALCIPPE *à Philiste.*

Le lieu s'accorde, & l'heure, & le reste n'est rien.

SCENE VI.

DORANTE, CLITON.

CLITON.

Monsieur, puis-je à present parler sans vous
     desplaire ?

DORANTE.

Ie remets en ton chois de parler, ou te taire,
Mais quand tu vois quelqu'vn, ne fay plus l'inso-
     lent.

CLITON.

Vostre ordinaire est il de refuer en parlant ?

DORANTE.

Où me vois-tu refuer ?

CLITON.

       l'appele refueries
Ce qu'en d'autres qu'vn maistre on nomme men-
     teries,
Ie parle auec respect.

DORANTE.

     Pauure esprit !

CLITON.

        Ie le perds
Quand ie vous oy parler de guerre & de concerts.
Vous voyes sans peril nos batailles derniers,

E$

Et faites des festins qui ne vous couftent gueres.
Pourquoy depuis vn an vous feindre de retour?
D O R A N T E.
I'en monftre plus de flame, i'en fay mieux ma
    Cour.
C L I T O N.
Qu'a de propre la guerre à monftrer voftre flame?
D O R A N T E.
O le beau compliment à charmer vne Dame,
De luy dire d'abord: l'apporte à vos beautez
Vn cœur nouueau venu des Vniuerfitez,
Si vous auez befoin de Loix & de Rubriques,
Ie fçay le Code entier auec les Authentiques.
Le Digefte Nouueau, le Vieux, l'Infortiat,
Ce qu'en a dit Iafon, Balde, Accurfe, Alciat.
Qu'vn fi riche difcours nous rend confiderables?
Qu'on amollit par la de cœurs inexorables!
Qu'vn homme à Paragraphe eft vn ioly galand!
On s'introduit bien mieux à tiftre de vaillant,
Tout le fecret ne gift qu'en vn peu de grimace,
A mentir à propos, iurer de bonne grace,
Eftaler force mots qu'elles n'entendent pas,
Faire fonner Lamboy, Iean de Vert, & Galas,
Nommer quelques chafteaux de qui les noms bar-
    bares,
Plus ils bleffent l'oreille, & plus leur femblent ra-
    res,
Auoir toufiours en bouche, angles, lignes, foffez,
Vedette, contr'efcarpe, & trauaux aduancez,
Sans ordre, & fans raifon, n'importe, on les eftône,
On leur fait admirer les bayes qu'on leur donne,
Et tel, à la faueur d'vn femblable debit,
Paffe pour homme illuftre, & fe met en credit.
C L I T O N.
A qui vous veut oüir, vous en faites bien croire:
Mais cellecy bien-toft peut fçauoir voftre hi-
    ftoire.
                              D o-

DORANTE.

I'auray defia gagné chez elle quelque accez,
Et loin d'en redouter vn malheureux fuccez,
Si iamais vn fafcheux nous nuit par fa prefence,
Nous pourrons fous ces mots eftre d'intelli-
gence.
Voilà traiter l'amour, Cliton, & comme il faut.

CLITON.

A vous dire le vray, ie tombe de bien haut:
Mais parlons du feftin. Vrgande & Melufine
N'ont iamais fur le champ mieux fourny leur cui-
fine,
Vous allez au delà de leurs enchantements,
Vous feriez vn grand maiftre à faire des Ro-
mants,
Ayant fi bien en main le feftin & la guerre
Vos gens en moins de rien courroient toute la
terre,
Et ce feroit pour vous des trauaux fort legers
De faire voir par tout la pompe & les dangers,
Ces hautes fictions vous font bien naturelles.

DORANTE.

I'ayme à brauer ainfi les conteurs de nouuelles,
Et fi toft que i'en voy quelqu'vn s'imaginer
Que ce qu'il veut m'apprendre a dequoy m'e-
ftonner,
Ie le fers auffi toft d'vn conte imaginaire
Qui l'eftonne luy-mefme, & le force à fe taire:
Si tu pouuois fçauoir quel plaifir on a lors
De leur faire rentrer leurs nouuelles au corps...

CLITON.

Ie le iuge affez grand, mais enfin ces pratiques
Vous peuuent engager en de fafcheux intriques.

DORANTE.

Nous les demeflerons, mais tous ces vains difcours
M'em-

M'empeſchent de chercher l'objet de mes amours,
Taſchons de le rejoindre , & ſçache qu'à me
   ſuiure
Ie t'apprendray bien-toſt d'autres façons de viure.

Fin du premier Acte.

A C T E II.

S C E N E P R E M I E R E.
GERONTE, CLARICE,
ISABELLE.

C L A R I C E.

IE ſçay qu'il vaut beaucoup eſtant
   ſorty de vous,
   Mais, Monſieur, ſans le voir ac-
   cepter vn eſpoux,
   Par quelque haut tecit qu'on en
   ſoit conuiée,
C'eſt grande auidité de te voir mariée:
Auſſi d'en receuoir viſite & compliment,
Et luy donner entrée en qualité d'amant,
S'il faut qu'à vos projets la ſuite ne reſponde,
Ie m'engagerois trop dans le caquet du monde,
Trouuez donc vn moyen de me faire voir
Sans m'expoſer au blaſme , & manquer au de-
   uoir.

G E R O N T E.
Oüy, vous auez raiſon, belle & ſage Clarice,
Ce que vous ſouhaitez eſt la meſme iuſtice,
Et d'alleurs c'eſt à nous à ſubir voſtre loy.
Ie reuiens dans vne heure , & Dorante auec moy,
Ie le tiendray long temps deſſous voſtre feneſtre
Afin

Afin qu'auec loifir vous le puiſſiez cognoiſtre,
Examiner ſa taille, & ſa mine , & ſon air.
Et voir quel eſt l'eſpoux que ie vous veux donner.
Il vint hier de Poitiers , mais il ſent peu l'eſcole,
Et ſi l'on pouuoit croire vn pere à ſa parole ,
Quelque eſcolier qu'il ſoit , ie dirois qu'auiour-
          d'huy
Peu de nos gens de Cour ſont mieux taillés que
          luy :
Mais vous en iugerez apres la voix publique.
Ie cherche à l'arreſter parce qu'il m'eſt vnique,
Et ie bruſle ſur tout de le voir ſous vos loix.
C L A R I C E.
Vous m'honorez beaucoup d'vn ſi glorieux
          choix,
Ie l'attendray , Monſieur , auec impatience,
Et ie l'ayme deſia ſur cette confiance.

S C E N E   II.

CLARICE, ISABELLE.

I S A B E L L E.
A Inſi vous le verrez , & ſans vous engager.
C L A R I C E.
Mais pour le voir ainſi qu'en pourra je iuger?
I'en verray le dehors , la mine , l'apparence ,
Mais du reſte , Iſabelle , où prendre l'aſſeurance?
Le dedans paroiſt mal en ces miroirs flateurs,
Les viſages ſouuent ſont de doux impoſteurs,
Que de defauts d'eſprit ſe couurent de leurs gra-
          ces !
Et que de beaux ſemblants cachent des ames
          baſſes !
Quoy qu'en ce choix les yeux ayent la premiere
          part,
Qui leur defere tout , met beaucoup au hazard;
Qui

Qui veut viure en repos ne doit pas leur deplaire,
Mais sans leur obeïr il les doit satisfaire,
En croire leur refus & non pas leur adueu,
Et sur d'autres conseils laisser naistre son feu.
Cette chaisne qui dure autant que nostre vie,
Et qui nous doit donner plus de peur que d'enuie,
Si l'on n'y prend bien garde, attache assez souuent
Le contraire au contraire, & le mort au viuant,
Et pour moy, puisqu'il faut qu'elle me donne vn
          maistre,
Auant que l'accepter ie voudrois le cognoistre,
Mais cognoistre dans l'ame.

ISABELLE.

                    Et bien, qu'il parle à vous.

CLARICE.

Alcippe le sçachant en deuiendroit jaloux.

ISABELLE.

Qu'importe qu'il le soit, si vous auez Dorante?

CLARICE.

Sa perte ne m'est pas encor indifferente,
Et l'accord de l'Hymen entre nous concerté;
Si son pere venoit, seroit executé.
Depuis plus de deux ans il promet, & differe,
Tantost c'est maladie, & tantost quelque affaire,
Le chemin est mal seur, ou les iours sont trop
          courts,
Et le bon-homme enfin ne peut sortir de Tours.
Ie prens tous ces delays pour vne resistance,
Et ne suis pas d'humeur à mourir de constance.
Chaque moment d'attente oste de nostre prix,
Et fille qui vieillit tombe dans le mespris,
C'est vn nom glorieux qui se garde auec honte,
Sa défaite est fascheuse à moins que d'estre prom-
          pte,
Le temps n'est pas vn Dieu qu'elle puisse brauer,
Et son honneur se perd à le trop conseruer.

ISA-

ISABELE.
Ainſi vous quitteriez Alcippe pour vn autre
Dont vous verriez l'humeur rapportante à la vo-
ſtre ?

CLARICE.
Ouy, ie le quitterois , mais pour ce changement
Ie voudrois en ma main auoir vn autre amant,
Seure qu'il me fuſt propre , & que ſon Hymenée
Deuſt bien-toſt à la ſienne vnir ma deſtinée.
Mon humeur ſans cela ne s'y reſout pas bien,
Car Alcippe , apres tout , vaut touſiours mieux
        que rien,
Son pere peut venir , quelque long-temps qu'il
        tarde.

ISABELLE.
Pour en venir à bout ſans que rien ſe hazarde,
Lucrece eſt voſtre amye , & peut beaucoup pour
        vous,
Elle n'a point d'amant qui deuienne ialoux,
Qu'elle eſcriue a Dorante, & luy faſſe paroiſtre
Qu'elle veut cette nuit le voir par ſa feneſtre.
Comme il eſt ieune encor , on l'y verra voler,
Et là ſous ce faux nom vous luy pourrez parler
Sans qu'Alcippe iamais en deſcouure l'adreſſe,
Ny que luy-meſme penſe à d'autres qu'à Lu-
        crece.

CLARICE.
L'inuention eſt belle, & Lucrece ayſément
Se reſoudra pour moy d'eſcrire vn compliment,
Nous cognoiſtrons Dorante auecque cette ruſe.

ISABELLE.
Puis-je vous dire encor que ſi ie ne m'abuſe
Tantoſt céc incognu ne vous deſplaiſoit pas.

CLARICE.
Ah, bón Dieu ! ſi Dorante auoit autant d'appas,
Que d'Alcippe ayſément il obtiendroit la place !
                                        IS A-

ISABELLE.

Ne parlez point d'Alcippe, il vient.

CLARICE.

       Qu'il m'embarasse !
Va pour moy chez Lucrece, & luy dy mon pro-
 jet,
Et tout ce qu'on peut dire en semblable sujet.

SCENE III.

CLARICE, ALCIPPE.

ALCIPPE.

AH, Clarice! Ah, Clarice! inconstante, vo-
 lage !

CLARICE.

Auroit-il-deuiné desia ce mariage?
Alcippe, qu'auez-vous ? qui vous fait souspirer?

ALCIPPE.

Ce que i'ay, malheureuse ? & peux-tu l'ignorer ?
Parle à ta conscience, elle douroit t'apprendre…

CLARICE.

Parlez vn peu plus bas, mon pere va descendre.

ALCIPPE.

Ton pere va descendre, ame double, & sans foy!
Confesse que tu n'as vn pere que pour moy,
La nuit, sur la riuiere…

CLARICE.

     Et bien, sur la riuiere,
La nuit, quoy, qu'est ce enfin…

ALCIPPE.

    Ouy, la nuit toute entiere.

CLARICE.

Apres ?

ALCIPPE.

Quoy, sans rougir?

        CLA-

CLARICE.

Rougir ! à quel propos ?

ALCIPPE.

Tu ne meurs pas de honte entendant ces deux
mots ?

CLARICE.

Mourir pour les entendre ! & qu'ont-ils de fu-
neste ?

ALCIPPE.

Tu peux donc les ouyr & demander le reste ?
Ne sçaurois tu rougir si ie ne te dy tout ?

CLARICE.

Quoy, tout ?

ALCIPPE.

Tes passe-temps de l'vn à l'autre bout.

CLARICE.

Ie meure, en vos discours si ie puis rien compren-
dre.

ALCIPPE.

Quand ie te veux parler, ton pere va descendre,
Il t'en souuient alors, le tour est excellent :
Mais pour passer la nuit auecque ton galand...

CLARICE.

Alcippe, estes-vous foû ?

ALCIPPE.

Ie le deurois bien estre,
A present que le Ciel me fait te mieux cognoi-
stre.
Ouy, pour passer la nuit en dances & festin,
Estre auec ton galand du soir iusqu'au matin,
(Ie ne parle que d'hier) tu n'as point lors de
pere.

CLARICE.

Resuez-vous ? raillez-vous ? & quel est ce my-
stere ?

AL-

ALCIPPE.

Ce myſtere eſt nouueau , mais non pas fort ſecret,
Choiſis vne autrefois vn amant plus diſcret,
Luy-meſme il m'a tout dit.

CLARICE.
Qui, luy-meſme?

ALCIPPE.
Dorante,

CLARICE.

Dorante !

ALCIPPE.
Continuë, & fay, bien l'ignorante.

CLARICE.
Si ie le vy iamais , & ſi ie le cognoy…

ALCIPPE.
Ne viens-ie pas de voir ſon pere auecque toy ?
Tu paſſes, infidelle, ame ingrate & legere,
La nuit auec le fils, le iour auec le pere !

CLARICE.
Son pere de vieux temps eſt grand amy du mien.

ALCIPPE.
Cette vieille amitié faiſoit voſtre entretien ?
Tu te ſens conuaincuë , & tu m'oſes reſpondre!
Te faut-il quelque choſe encor pour te confon-
dre ?

CLARICE.
Alcippe, ſi ie ſçay quel viſage a le fils…

ALCIPPE.
La nuit eſtoit fort noire alors que tu le vis,
Il ne t'a pas donné quatre chœurs de Muſique,
Vne collation ſuperbe & magnifique ,
Six ſeruices de rang , douze plats à chacun,
Son entretien alors t'eſtoit fort importun,
Quand ſes feux d'artifice eſclairoient le riuage.
Tu n'eus pas le loiſir de le voir au viſage,
Tu n'a pas auec luy dancé iuſques au iour

B   Et

Et tu ne l'as pas veu pour le moins au retour.
T'en ay ie dit affez? rougis, & meurs de honte.

CLARICE.
Ie ne rougiray point pour le recit d'vn conte.

ALCIPPE.
Quoy, ie fuis donc vn fourbe, vn bizarre, vn jaloux?

CLARICE.
Quelqu'vn a pris plaifir à fe ioüer de vous,
Alcippe, croyez moy.

ALCIPPE.
Ne cherche point d'excufes,
Ie cognoy tes deftours & deuine tes rufes,
Adieu, fuy ton Dorante, & l'ayme deformais,
Laiffe en repos Alcippe, & n'y penfe iamais.

CLARICE.
Efcoutez quatre mots,

ALCIPPE.
Ton pere va defcendre,

CLARICE.
Non, il ne defcend point, & ne peut nous enten-
dre,
Et i'auray tout loifir de vous defabufer,

ALCIPPE.
Ie ne t'efcoute point à moins que m'efpoüfer,
A moins qu'en attendant le iour du mariage
M'en donner ta parole & deux baifers en gage.

CLARICE.
Pour me iuftifier vous demandez de moy,
Alcippe?

ALCIPPE.
Deux baifers, & ta main, & ta foy,

CLARICE.
Que cela?

ALCIPPE.
Refous toy, fans plus me faire attendre.
CLA-

CLARICE.
Ie n'ay pas le loisir , mon pere va defcendre.

SCENE IV.

ALCIPPE.

VA, ry de ma douleur alors que ie te perds,
　Par ces indignités romps toy-mefme mes fers,
Ayde mes feux trompez à fe tourner en glace,
Ayde vn iufte couroux à fe mettre en leur place.
Ie cours à la vangeance , & porte à ton amant
Le redoutable effet de mon reffentiment.
S'il eft homme de cœur, ce iour mefme nos ar‑
　　　mes
Regleront par le fort tes plaifirs , ou tes larmes ,
Et pluftoft que le voir poffeffeur de mon bien,
Puiffay-ie dans fon fang voir couleur tout le
　　　mien.
Le voicy ce riual que fon pere t'améne,
Ma vieille amitié cede à ma nouuelle hayne,
Sa veuë accroift l'ardeur dont ie me fens brufler,
Mais ce n'eft pas icy qu'il le faut quereller.

SCENE V.

GERONTE, DORANTE,
CLITON.

GERONTE.

DOrante, arreftons-nous, le trop de promenade
Me mettroit hors d'haleine , & me feroit,
　　　malade.
Que l'ordre eft rare & beau de ces grands bafti‑
　　　mens !

DORANTE.
Paris femble à mes yeux vn pays de Romans,

I'y croyois ce matin voir vne Isle enchantée,
Ie la laissay deserte , & la trouue habitée,
Quelque Amphion nouueau sans l'ayde des ma-
          çons
En superbes Palais a changé ses buissons.
                GERONTE.
Paris voit tous les iours de ces Metamorphoses,
Dedans le pré aux Clercs tu verras mesmes choses,
Et l'Vniuers entier ne peut rien voir d'égal
A ce que tu verras vers le Palais Royal.
Toute vne ville entiere auec pompe bastie
Semble d'vn vieux fossé par miracle sortie,
Et nous fait presumer , à ses superbes toits,
Que tous ses habitás sont des Dieux, ou des Roys.
Mais changeons de discours. Tu sçais combien ie
          t'ayme.
                DORANTE.
Ie chercy cét honneur bien plus que le jour mes-
          me.   GERONTE.
Comme de mon Hymen il n'est sorty que toy,
Et que ie te voy prendre vn perilleux employ,
Où la chaleur de l'aage , & l'honneur te conuie
D'exposer à tous coups & ton sang , & ta vie,
Auant qu'aucun malheur te puisse estre aduenu,
Pour te faire marcher vn peu plus retenu,
Ie te veux marier.
                DORANTE.
                    O ma chere Lucrece !
                GERONTE.
Ie t'ay voulu choisir moy-mesme vn maistresse,
Honneste, belle, & riche.
                DORANTE.
                        Ah, pour la bien choisir,
Mon pere , donnez vous vn peu plus de loisir.
                GERONTE.
Ie la cognois assez, Clarice est belle , & sage,

                                            Au-

Autant que dans Paris il en foit de fon aage,
Son pere de tout temps eft mon plus grand amy,
Et l'affaire eft concluë.
                    DORANTE.
                              Ah, Monfieur, ie fremy,
D'vn fardeau fi pefant acclaber ma ieuneffe?
                    GERONTE.
Fay ce que ie t'ordonne.
                    DORANTE.
                              Il faut ioüer d'adreffe.
Quoy , Monfieur, à prefent qu'il faut dans les
            combats
Acquerir quelque nom , & fignaler mon bras...
                    GERONTE.
Auant qu'eftre au hazard qu'vn autre bras t'im-
            mole,
Ie veux dans ma maifon auoir qui m'en confole,
Ie veux qu'vn petit fils puiffe tenir ton rang,
Souftenir ma vieilleffe , & reparer mon fang,
En vn mot, ie le veux.
                    DORANTE.
                       Vous eftes inflexible!
                    GERONTE.
Fay ce que ie te dy.
                    DORANTE.
                       Mais s'il m'eft impoffible?
                    GERONTE.
Impoffible ! & comment?
                    DORANTE.
                       Souffrez qu'aux yeux de tous
Pour obtenir pardon i'embraffe vos genoux,
Ie fuis...

              GERONTE.
      Quoy?
              DORANTE.
      Dans Poitiers...
                    B 3   GE-

GERONTE.

Parle donc , & te leue.

DORANTE.

Ie suis donc marié, puisqu'il faut que i'acheue.

GERONTE.

Sans mon consentement !

DORANTE.

On m'a violenté,

Vous ferez tout casser par vostre authorité ,
Mais nous fusmes tous deux forcez à l'Hymenée
Par la fatalité la plus inopinée....
Ah, si vous la sçauiez.

GERONTE·

Dy, ne me cache rien.

DORANTE.

Ille est de fort bon lieu mon pere , & pour son
    bien,
S'il n'est du tout si grand que vostre humeur sou-
    haite....

GERONTE.

Sçachons , à cela prés, puisque c'est choise faite.
Elle se nomme?

DORANTE.

Orphise , & son pere Armedon.

GERONTE.

Ie n'ay iamais oüy ny l'vn , ny l'autre nom :
Mais poursuy.

DORANTE·

Ie la vy presque à mon arriuée ,

Vne ame de rocher ne s'en fust pas sauuée,
Tant elle auoit d'appas , & tant son œil vain-
    queur
Par vne douce force assujettit mon cœur.
Ie cherchay donc chez elle à faire cognoissance,
Et les soins obligeants de ma perseuerance
Sçeurent plaire de sorte à cet objet charmant,

Que

Que i'en fus en six mois autant aymé qu'amant.
I'en receus des faueurs fecrettes, mais honneftes,
Et i'eftendis fi loin mes petites conqueftes,
Qu'en fon quartier fouuent ie me coulois fans
    bruit
Pour caufer auec elle vne part de la nuit.
Vn foir que ie venois de monter dans fa cham-
    bre,
(Ce fut, s'il m'en fouuient, le fecond de Septem-
    bre,
Oüy, ce fut ce iour là que ie fus attrapé)
Ce foir mefme fon pere en ville auoit foupé,
Il monte à fon retour, il frappe à la porte, elle
Tranfit, paffit, rougit, me cache en fa ruelle,
Ouure enfin, & d'abord, (qu'elle eut d'efprit &
    d'art !)
Elle fe jette au coû de ce pauure vieillard,
Et deftobant ainfi fon defordre à fa veuë,
Il fe fied, il luy dit qu'il veut la voir pourueuë,
Luy propofe vn party qu'on luy venoit d'offrir,
Iugez combien mon cœur auoit lors à fouffrir.
Par fa refponce adroite elle fçeut fi bien faire
Que fans m'inquieter elle plût a fon pere.
Ce difcours ennuyeux enfin fe termina,
Le bon-homme partoit quand ma monftre fon-
    na,
Et luy fe retournant vers fa fille eftonnée,
Depuis quand cette monftre, & qui vous l'a
    donnée ?
Acafte mon coufin me la vient d'enuoyer,
Dit-elle, & veut icy la faire netroyer,
N'ayant point d'horlogiers au lieu de fa de-
    meure,
Elle a defia fonné deux fois en vn quart d'heure.
Donnez la moy, dit-il, i'en prendray mieux le
    foin.

Alors pour me la prendre elle vient en mon coin,
Ie la luy donne en main , mais voyez ma disgra-
    ce,
Auec mon piſtolet le cordon s'embaraſſe ,
Fait marcher le declin , le feu prend , le coup part,
Iugez de noſtre trouble à ce triſte hazard.
Elle tombe par terre , & moy ie la crûs morte,
Le pere eſpouuanté gaigne auſſi toſt la porte ,
Il appelle au ſecours , il crie à l'aſſaſſin,
Son fils & deux valets me coupent le chemin:
Furieux de ma perte & combatant de rage ,
Au milieu de tous trois ie me faiſois paſſage,
Quand vn autre malheur de nouueau me perdit,
Mon eſpée en ma main en trois morceaux rõpit.
Deſarmé ie recule, & rentre , alors Orphiſe
De ſa frayeur premiere aucunement remiſe
Sçait prendre vn temps ſi juſte en ſon reſte d'eſ-
    froy
Qu'elle pouſſe la potte , & s'enferme auec moy.
Soudain nous entaſſons pour deffences nouuelles
Bancs, tables, coffres, lits , & iuſqu'aux eſcabelles,
Nous nous barricadons , & dans ce premier feu
Penſons faire beaucoup de differer vn peu.
Comme à ce bouleuart l'vn & l'autre trauaille,
D'vne chambre voiſine on perce la muraille,
Alors nous voyant pris il fallut compoſer.
Icy Clarice les voit de ſa feneſtre , & Lucrece auec
    Iſabelle les voit auſsi de la ſienne.

GERONTE.

C'eſt à dire en François qu'il fallut l'eſpouſer?

DORANTE.

Les ſiens m'auoient trouué de nuit, ſeul auec elle,
Ils eſtoient les plus forts , elle me ſembloit belle,
Le ſcandale eſtoit grand, ſon honneur ſe perdoit,
A ne le faire pas ma teſte en reſpondoit,
Ses grands efforts pour moy , ſon peril & ſes lar-
    mes
A mon

A mon cœur amoureux estoient de nouueaux
		charmes;
Donc pour sauuer ma vie auecque son honneur,
Et me mettre auec elle au comble du bonheur,
Ie changeay d'vn seul mot la tempeste en bona-
		ce,
Et fis ce que tout autre auroit fait en ma place.
Choisissez maintenant de me voir, ou mourir,
Ou posseder vn bien qu'on ne peut trop cherir.
				GERONTE.
Non, non, ie ne suis pas si mauuais que tu penses,
Et trouue en ton malheur de telles circonstances
Que mon amour t'excuse, & mon esprit touché
Te blasme seulement de l'auoir trop caché.
				DORANTE,
Le peu de bien qu'elle a me faisoit vous le taire.
				GERONTE.
Ie prens peu garde au bien afin d'estre bon pere.
Elle est belle, elle est sage, elle sort de bon lieu,
Tu l'aymes, elle t'ayme, il me suffit. Adieu,
Ie vay me desgager du pere de Clarice.

SCENE VI.

DORANTE, CLITON.

DORANTE.

QVe dis-tu de l'histoire, & de mon artifice?
	Le bon-homme en tient il? m'en suis-ie bien
		tiré?
Quelque sot en ma place y seroit demeuré,
Il eust perdu le temps à gemir, & se plaindre,
Et malgré son amour se fust laissé contraindre.
O l'vtile secret de mentir à propos!
				CLITON.
Quoy ce que vous disiez n'est pas vray?

DORANTE.

                              Pas deux mots,
Et tu ne viens d'ouyr qu'vn trait de gentilleſſe
Pour conſeruer mon ame & mon cœur à Lu-
      crece.

CLITON.

Quoy, la monſtre , l'eſpée , auec le piſtolet?

DORANTE.

Induſtrie.

CLITON.

        Obligez, Monſieur, voſtre valet.
Quand vous voudrez joüer de ces grands coups
      de maiſtre.
Donnez-luy quelque ſigne à les pouuoir cognoi-
      ſtre,
Quoy que bien aduerty i'eſtois dans le paneau.

DORANTE.

Va, n'apprehende pas d'y tomber de nouueau,
Tu feras de mon cœur l'vnique Secretaire,
Et de tous mes ſecrets le grand depoſitaire.

CLITON.

Auec ces qualitez i'oſe bien eſperer
Qu'aſſez malaiſément ie pourray m'en parer.
Mais parlons de vos feux. Certes cette maiſtreſſe.

SCENE   VII.

DORANTE, CLITON, SABINE.

SABINE.

Liſez cecy, Monſieur.

DORANTE.

            D'où vient-il?

SABINE.

                              De Lucrece.
                                    DO-

DORANTE *apres auoir leu.*
Dy luy que i'y viendray.

Sabine rentre & Dorante continue.

Doute encore, Cliton,
A la quelle des deux appartient ce beau nom.
Lucrece sent sa part des feux qu'elle fait naistre,
Et me veut cette nuit parler par sa fenestre.
Dis encor que c'est l'autre, ou que tu n'es qu'vn
sot.
Qu'auroit l'autre à m'escrire à qui ie n'ay dit
mot?

CLITON.
Monsieur, pour ce sujet n'ayons point de que-
relle,
Cette nuit à la voix vous sçaurez si c'est elle.

DORANTE.
Coule-toy là dedans, & de quelqu'vn des siens
Sçache subtilement sa famille & ses biens.

SCENE VIII.

DORANTE, LYCAS.

LYCAS *luy presentant vn billet.*

Monsieur.

DORANTE.
Autre billet.

Billet d'Alcippe à Dorante.

Vne offense receuë
Me fait l'espée en main souhaiter vostre veuë,
Ie vous attends au mail.   ALCIPPE

DORANTE *apres auoir leu.*
Ouy volontiers,
Ie te suy.

Lycas rentre & Dorante continuë seul.

Hier au soir ie reuins de Poitiers,
D'auiourd'huy seulement ie produis mon visage,
Et i'ay desià querelle , amour , & mariage.
Pour vn commencement ce n'est point mal trou-
ué.
Vienne encore un procez , & ie suis acheué.
Se charge qui voudra d'affaires plus pressantes,
Plus en nombre à la fois , & plus embarassantes ,
Ie pardonne à qui mieux s'en pourra demesler.
Mais allons voir celuy qui m'ose quereller.

Fin du second Acte.

ACTE III.

SCENE PREMIERE.

DORANTE, ALCIPPE, PHILISTE.

PHILISTE.

V v vous faisiez tous deux en
homme de courage,
Et n'auiez l'vn ny l'autre aucun
desauantage,
Ie rens graces au Ciel de ce qu'il a
permis
Que ie sois suruenu pour vous refaire amis,
Et que la chose esgale ; ainsi ie vous separe.
Mon heur en est extréme , & l'aduanture est rare.

DORANTE.

L'aduanture est encor bien plus rare pour moy
Qui me battois à froid & sans sçauoir pourquoy.
Mais, Alcippe , à present tirez-moy hors de peine,
Quel sujet auiez vous de colere ou de hayne?

Quel-

Quelque mauuais rapport m'auroit il pû noircir?
Dites, que deuant luy ie vous puisse esclaircir.

ALCIPPE.
Vous le sçauez assez.

DORANTE.
Quoy que i'aye pû faire,
Ie croy n'auoir rien fait qui vous doiue desplaire.

ALCIPPE.
Et bien, puisqu'il vous faut parler plus clairement,
Depuis plus de deux ans i'ayme secrettement,
Mon affaire est d'accord, & la chose vaut faite,
Mais pour quelque raison nous la tenons secrette:
Cependant à l'objet qui me tient sous sa loy,
Et qui sans me trahir ne peut estre qu'à moy,
Vous auez donné bal, collation, Musique,
Et vous n'ignorez pas combien cela me pique,
Puisque pour me ioüer vn si sensible tour
Vous m'auez a dessein caché voftre retour,
Iusques a ce iourd'huy, que sortant d'embuscade
Vous m'en auez conté l'histoire par brauade.
Ce procedé m'estonne, & i'ay lieu de penser
Que vous n'auez rien fait qu'afin de m'offencer.

DORANTE.
Si vous pouuiez encor douter de mon courage,
Ie ne vous guerirois ny d'erreur, ny d'ombrage,
Et nous nous reuerrions si nous estions riuaux:
Mais côme vous sçauez tous deux ce que ie vaux
Escoutez en deux mots l'histoire demeslée.
Celle que cette nuit sur l'eau i'ay regalée
N'a pû vous donner lieu de deuenir jaloux,
Car elle est mariée & ne peut estre à vous,
Depuis peu pour affaire elle est icy venuë,
Et ie ne pense pas qu'elle vous soit cognuë.

ALCIPPE.
Ie suis rauy, Dorante, en cette occasion
De voir si tost finir noftre diuision.

Do-

DORANTE.

Alcippe, vne autre fois donnez moins de croy-
ance
Aux premiers mouuements de voſtre deſfiance,
Prenez ſur vn appel le loiſir d'y reſuer,
Sans commencer par où vous deuez acheuer.
Adieu, ie ſuis à vous.

SCENE II.

ALCIPPE, PHILISTE.

PHILISTE.

CE cœur encor ſouſpire!

ALCIPPE.

Helas! ie ſors d'vn mal pour tomber dans vn pire.
Cette collation, qui l'aura pû donner?
A qui puis ie m'en prendre? & que m'imaginer?

PHILISTE.

Que l'ardeur de Clarice eſt égale à vos flames.
Cette galanterie eſtoit pour d'autres Dames.
L'erreur de voſtre Page à cauſé voſtre ennuy,
S'eſtant trompé luy meſme, il vous trompe apres
luy.
Ie viens de tout ſçauoir d'vn des gens de Lucrece.
Il auoit veu chez elle entrer voſtre maiſtreſſe,
Mais il n'auoit pas veu qu'Hypolite & Daphné
Ce iour-là par hazard chez elle auoient diſné.
Comme il en voit ſortir ces deux beautez maſ-
quées
Sans les auoir au nez de plus prés remarquées,
Voyant que le caroſſe, & cheuaux, & cocher
Eſtoient ceux de Lucrece, il ſuit ſans s'approcher,
Et les prenant ainſi pour Lucrece & Clarice,
Il rend à voſtre amour vn tres-mauuais ſeruice.

Il les voit donc aller iusques au bord de l'eau,
Descendre de carosse, entrer dans vn basteau,
Il voit porter des plats, entend quelque Musique,
(A ce que l'on m'a dit, assez melancholique)
Mais cessez d'en auoir l'esprit inquieté,
Car enfin le carosse auoit esté presté,
L'aduis se trouue faux, & ces deux autres belles
Auoient en plain repos passé la nuit chez elles.

                ALCIPPE.
Quel malheur est le mien ! Ainsi donc sans sujet
I'ay fait ce grand vacarme à ce diuin objet ?

                PHILISTE.
Ie feray vostre paix, mais sçachez autre chose.
Celuy qui de ce trouble est la seconde cause,
Dorante, qui tantost nous en a tant conté
De son festin superbe & sur l'heure appresté.
Luy qui depuis vn mois nous cachant sa venuë
La nuit *incognito* visite vne incognuë,
Il vint hier de Poitiers, & sans faire aucun bruit
Chez luy paisiblement à dormy toute nuit.

                ALCIPPE.
Quoy, sa collation...

                PHILISTE.
                N'est rien qu'vn pur mensonge,
Où bien s'il l'a donnée, il l'a donnée en songe.

                ALCIPPE.
Dorante en ce combat si peu premedité
M'a fait voir trop de cœur pour tant de lascheté.
La valeur n'apprend point la fourbe en son escole,
Tout homme de courage est homme de parole,
A des vices si bas il ne peut consentir,
Et fuit plus que la mort la honte de mentir,
Cela n'est point.

                PHILISTE.
                Dorante, à ce que ie presume,
Est vaillant par nature, & menteur par coustume.

                                    Ayez

Ayez sur ce sujet moins d'incredulité,
Et vous mesme admirez nostre simplicité.
A nous laisser duper nous sommes bien nouices.
Vne collation seruie a six seruices,
Quatre concerts entiers, tant de plats, tant de
					feux,
Tout cela cependant prest en vne heure, ou deux,
Comme si l'appareil d'vne telle cuisine
Fut descendu du Ciel dedans quelque machine,
Quiconque le peut coire ainsi que vous & moy,
S'il a manque de sens, n'a pas manque de foy.
Pour moy, ie voyois bien que tout ce badinage
Respondoit assez mal aux remarques du Page,
Mais vous ?

				ALCIPPE.
			La jalousie aueugle vn cœur atteint,
Et sans examiner croit tout ce qu'elle craint.
Mais laissons la Dorante auecque son audace,
Allons trouuer Clarice, & luy demander grace,
Elle pouuoit tantost m'entendre sans rougir.

				PHILISTE.
Attendez a demain & me laissez agir,
Ie veux par ce récit vous preparer la voye,
Dissiper sa colere, & luy rendre sa ioye,
Ne vous exposez point, pour gagner vn mo-
					ment,
Aux premieres chaleurs de son ressentiment.

				ALCIPPE.
Si du jour qui s'enfuit la lumiere est fidelle,
Ie pense l'entreuoir auec son Isabelle.
Ie suiuray tes conseils, & fuiray son couroux
Iusqu'a ce qu'elle ait ry de m'auoir veu jaloux.

						SCE-

SCENE III.

CLARICE, ISABELLE.

CLARICE.

Isabelle, il est temps allons trouuer Lucrece.

ISABELLE.

Il n'est pas encor tard, & rien ne vous en presse.
Vous auez vn pouuoir bien grand sur son esprit,
A peine ay ie parlé, qu'elle a sur l'heure escrit.

CLARICE.

Clarice à la seruir ne seroit pas moins prompte.
Mais dy, par sa fenestre as tu bien veu Geronte?
Et sçais-tu que ce fils qu'il m'auoit tant vanté,
Est ce mesme incognu qui m'en a tant conté?

ISABELLE.

A Lucrece auec moy ie l'ay fait recognoistre,
Et si-tost que Geronte a voulu disparoistre,
Le voyant resté seul auecque son valet,
Sabine à nos yeux mesme a rendu le billet,
Vous parlerez à luy.

CLARICE.

Qu'il est fourbe, Isabelle!

ISABELLE.

Et bien, cette pratique est-elle si nouuelle ?
Dorante est il le seul qui de ieune escholier
Pour estre mieux receu s'erige en Caualier?
Que i'en sçay comme luy qui parlent d'Allema-
　　gne
Et si l'on les veut croire, ont veu chaque campa-
　　gne,
Sur chaque occasion tranchent des entendus,
Content quelque deffaite, & des cheuaux perdus,
Qui dans vne Gazette apprenant ce langage,
S'ils sortent de Paris, ne vont qu'à leur village,

Et

Et ſe donnent icy pour teſmoins approuuez
De tous ces grands combats qu'ils ont leus, ou
        reſuez !
Il aura crû ſans doute, ou ie ſuis fort trompée,
Que les filles de cœur ayment le gens d'eſpée,
Et vous prenant pour telle, il a iugé ſoudain
Qu'vne plume au chapeau vous plaiſt mieux qu'à
        la main.
Ainſi donc pour vous plaire, il à voulu paroiſtre,
Non pas pour ce qu'il eſt, mais pour ce qu'il veut
        eſtre,
Et s'eſt oſé promettre vn traitement plus doux
Dans la condition qu'il veut prendre pour vous.

CLARICE.

En matiere de fourbe il eſt maiſtre, il y pipe,
D'vne autre toute fraiſche il dupe encor Alcippe.
Ce malheureux jaloux s'eſt bleſſé le cerueau
D'vn feſtin qu'hier au ſoir il m'a donné ſur l'eau.
(Iuge vn peu ſi la piece a la moindre apparence)
Alcippe cependant m'accuſe d'inconſtance,
Me fait vne querelle où ie ne comprens rien.
J'ay, dit-il, toute nuit ſouffert ſon entretien,
Il me parle de bal, de dance, de Muſique,
D'vne collation ſuperbe & magnifique,
Seruie à tant de plats, tant de fois redoublez,
Que i'en ay la ceruelle & les eſprits troublez.

ISABELLE.

Recognoiſſez par là que Dorante vous ayme,
Et que dans ſon amour ſon adreſſe eſt extréme.
Il aura ſçeu qu'Alcippe eſtoit aymé de vous,
Et pour l'en eſloigner il l'a rendu jaloux.
Soudain à cét effort il en a joint vn autre,
Il a fait que ſon pere eſt venu voir le voſtre.
Vn amant peut-il mieux agir en vn moment,
Que de gaigner vn pere & broüiller l'autre
        amant?   Voſtre

Voſtre pere l'agrée, & le ſien vous ſouhaite,
Il vous ayme, il vous plaiſt, c'eſt vne affaire faite.
                CLARICE.
Elle eſt faite, de vray, ce qu'elle ſe fera.
                ISABELLE.
Quoy, voſtre humeur icy luy deſobeyra ?
                CLARICE.
Tu vas ſortir de garde, & perdre tes meſures,
Explique, ſi tu peux, encor ſes impoſtures,
Il eſtoit marié ſans que l'on en ſçeuſt rien,
Et ſon pere a repris ſa parole du mien
Fort triſte de viſage & fort confus dans l'ame.
                ISABELLE.
Ah ie dis à mon tour, Qu'il eſt fourbe, Madame!
C'eſt bien aymer la fourbe, & l'auoir bien en
      main,
Que de prendre plaiſir à fourber ſans deſſein.
Car pour moy, plus i'y ſonge, & moins ie puis
      comprendre
Quel fruit auprés de vous il en oſe pretendre.
Mays qu'allez-vous donc faire, & pourquoy luy
      parler ?
Eſt-ce à deſſein d'en rire, ou de le quereller ?
                CLARICE.
Ie prendray du plaiſir du moins à le confondre.
                ISABELLE.
I'en prendrois dauantage à le laiſſer morfon-
      dre.

                CLARICE.
Non, ie luy veux parler par curioſité.
Mais i'entreuoy quelqu'vn dans cette obſcurité,
Et ſi c'eſtoit luy meſme, il me pourroit cognoi-
      ſtre,
Entrons donc chez Lucrece, allons à la fene-
      ſtre
Puiſque c'eſt ſous ſon nom que ie luy dois parler.
                                        Men

Mon ialoux, apres tout , fera mon pis aller,
Si fa mauuaife humeur defia n'eſt appaiſée,
Sçachant ce que ie ſçay , la choſe eſt fort aiſée.

SCENE IV.

DORANTE, CLITON.

DORANTE.

VOicy l'heure , & le lieu que marque le billet.

CLITON.

I'ay ſçeu tout ce détail d'vn ancien valet.
Son pere eſt de la robbe, & n'a qu'elle de fille,
Ie vous ay dit ſon bien, ſon aage, & ſa famille.
Mais , Monſieur , ce ſeroit pour me bien diuer-
tir,
Si comme vous Lucrece excelloit à mentir.
Le diuertiſſement ſeroit rare, ou ie meure,
Et ie voudrois qu'elle euſt ce talent pour vne
heure,
Qu'elle peuſt vn moment vous piper en voſtre
art,
Rendre conte pour conte , & maitre pour re-
nard,
D'vne & d'autre coſté i'en entendrois de bonnes.

DORANTE.

Le Ciel fait cette grace à fort peu de perſonnes.
Il y faut promptitude, eſprit , memoire, ſoins,
Ne héſiter iamais , & rougir encor moins.
Mais la feneſtre s'ouure , approchons.

A ſ

SCE-

SCENE V.

CLARICE, LVCRECE, ISA-
BELLE *à la feneftre.* DORAN-
TE, CLITON *en bas.*

CLARICE.

Isabelle,

Durant noftre entretien demeure en fentinelle,
ISABELLE.
Lors que voftre vieillard fera preft à fortir
Ie ne manqueray pas de vous en aduertir.
Ifabelle defcend de la feneftre & ne fe monftre plus.
LVCRECE.
Il conte affez au long ton hiftoire à mon pere,
Mais parle fous mon nom, c'eft à moy de me
   taire,
CLARICE.
Eftes vous là Dorante ?
DORANTE.
   Ouy, Madame, c'eft moy,
Qui veux viure & mourir fous voftre feule loy.
LVCRECE *à Clarice.*
Il continuë encor à te conter fa chance.
CLARICE *à Lucrece.*
Il continuë encor dans la mefme impudence:
Mais m'auroit-il defià recognuë à la voix ?
CLITON *à Dorante.*
C'eft elle, & ie me rends, Monfieur, à cette fois,
DORANTE,
Ouy, c'eft moy, qui voudrois effacer de ma vie
Les iours que i'ay vefcu fans vous auoir feruie.
Que viure fans vous voir eft vn fort rigoureux !
C'eft ou ne viure point, ou viure malheureux,

C'eft

C'eſt vne longue mort, & pour moy, ie confeſſe
Que pour viure, il faut eſtre eſclaue de Lucrece.

CLARICE *à Lucrece.*
Chere amie il en conte à chacune à ſon tour.

LVCRECE *à Clarice.*
Il ayme à promener ſa fourbe & ſon amour.

DORANTE.
A vos commandements i'apporte donc ma vie,
Trop heureux ſi pour vos elle m'eſtoit rauie,
Diſpoſez en, Madame, & me dites en quoy
Vous auez reſolu de vous ſeruir de moy.

CLARICE.
Ie vous voulois tantoſt propoſer quelque choſe,
Mais il n'eſt plus beſoin que ie vous la propoſe,
Car elle eſt impoſſible.

DORANTE.
     Impoſſible ! Ah pour vous
Ie pourray tout, Madame, en tous lieux, contre-
tous.

CLARICE.
Iuſqu'à vous marier quand ie ſçay que vous
l'eſtes?

DORANTE.
Moy, marié ! Ce ſont pieces qu'on vous a faites,
Quiconque vous l'a dit s'eſt voulu diuertir.

CLARICE *à Lucrece.*
Eſt-il vn plus grand fourbe ?

LVCRECE *à Clarice.*
     Il ne ſçait que mentir.

DORANTE.
Ie ne le fus iamais, & ſi par cette voye
On penſe…

CLARICE.
Et vous penſez encor que ie vous croye?
Do-

DORANTE.
Que la foudre à vos yeux m'escrase si ie ments.

CLARICE.
Vn menteur est tousiours prodigue de serments.

DORANTE.
Non, si vous auez eu pour moy quelque pensée
Qui sur ce faux rapport puisse estre balancée,
Cessez d'estre en balance, & de vous deffier
De ce qu'il m'est aisé de vous iustifier.

CLARICE *à Lucrece.*
On diroit qu'il dit vray, tant son effronterie
Auec naïfueté pousse vne menterie.

DORANTE.
Pour vous oster de doute agréez que demain
En qualité d'espoux ie vous donne la main.

CLARICE.
Et vous la donneriez en vn iour à deux mille.

DORANTE.
Certes vous m'allez mettre en credit par la ville.
Mais en credit si grand, que i'en crains les ia-
    loux.

CLARICE.
C'est tout ce que merite vn homme tel que vous,
Vn homme qui se dit vn grand foudre de guerre,
Et n'en a veu qu'a coups d'escritoire & de verre,
Qui vint hier de Poitiers, & conte à son retour
Que depuis vne année il fait icy sa Cour,
Qui donne toute nuit festin, Musique, & dance,
Bien qu'il l'ait dans son lit passée en tout silence,
Qui se dit marié, puis soudain s'en desdit,
Sa methode est iolie à se mettre en credit.
Vous mesme apprenés-moy comme il faut qu'on
    le nomme.

CLITON *à Dorante.*
Si vous vous en tirez, ie vous tiens habile hom-
    me.

DORANTE *a Cliton.*

Ne t'espouuante point, tout vient en sa saison.

A Clarice.

De ces inuentions chacune a sa raison,
Sur toutes quelq; iour ie vous rendray contente,
Mais à present ie passe à la plus importante.
I'ay donc feint cét Hymen , (pourquoy desa-
    duoüer
Ce qui vous forcera vous mesme à me loüer?)
Ie l'ay feint , & ma feinte à vos mespris m'expose,
Mais si de ces destours vous seule estiez la cause?

CLARICE.

Moy ?

DORANTE.

Vous, escoutez moy. Ne pouuant consentir...

CLITON *a Dorante.*

De grace, dites- moy si vous allez mentir.

DORANTE *a Cliton.*

Ah ! ie t'arracheray cette langue importune,

A Clarice.

Donc comme à vous seruir i'attache ma fortune,
L'amour que i'ay pour vous ne pouuant con-
    sentir
Qu'vn pere a d'autres loix voulust m'assujetir.

CLARICE *a Lucrece.*

Il fait piece nouuelle, escoutons.

DORANTE.

             Cette adresse
A conserué mon ame a la belle Lucrece,
Et par ce mariage au besoin inuenté
I'ay sçeu rompre celuy qu'on m'auoit appresté.
Blasmez moy de tomber en des fautes si lourdes,
Appellés moy grand fourbe , & grand donneur
    de bourdes,
Mais loüez moy du moins d'aymer si puissam-
    ment,

                          Et

Et ioignez a ces noms celuy de voftre amant.
Ie fais par cét Hymen banqueroute à tous au-
	tres,
I'éuite tous leurs fers pour mourir dans les vo-
	ftres.
Et libre pour entrer en des liens fi doux
Ie me fais marié pour toute autre que vous.
C L A R I C E.
Voftre flame en naiffant a trop de violence,
Et me laiffe toufiours en iufte défiance,
Le moyen que mes yeux euffent de tels appas
Pour qui m'a fi peu veuë & ne me cognoift pas?
D O R A N T E.
Ie ne vous cognois pas ! vous n'auez plus de mere,
Periandre eft le nom de Monfieur voftre pere,
Il eft homme de robbe, adroit, & retenu,
Dix mille efcus de rente en font le reuenu,
Vous perdiftes vn frere aux guerres d'Italie,
Vous auiez vne fœur qui s'appelloit Iulie.
Vous cognois ie a prefent? dites encor que non.
C L A R I C E *à Lucrece.*
Coufine, il te cognoift, & t'en veut tout de bon.
L V C R E C E *en elle mefme.*
Pleuft a Dieu !
C L A R I C E *à Lucrece.*
Defcouurons le fonds de l'artifice.
à Dorante.
I'auois voulu tantoft vous parler de Clarice,
Quelqu'vn de vos amis m'en eft venu prier.
Dites-moy, feriez vous pour elle a marier?
D O R A N T E.
Par cette queftion n'efprouués plus ma flame,
Ie vous ay trop fait voir iufqu'au fond de mon
	ame,
Et vous ne pouuez plus deformais ignorer
Que i'ay feint cét Hymen afin de m'en parer.

C   Ie

Ie n'ay ny feux , ny vœux que pour voftre feruice,
Et ne puis plus auoir que mefpris pour Clarice.

CLARICE.

Vous eftes, à vray dire, vn peu bien defgoufté,
Clarice eft de maifon, & n'eft pas fans beauté,
Si Lucrece à vos yeux paroift vn peu plus belle,
De bien mieux faits que vous fe contenteroient
      d'elle.

DORANTE.

Oüy , mais vn grand defaut ternit tous fes appas.

CLARICE.

Quel eft-il ce defaut?

DORANTE.

                        Elle ne me plaift pas,
Et pluftoft que l'Hymen auec elle me lie,
Ie feray marié fi l'on veut en Turquie.

CLARICE.   (iour
Auiourd'huy cependant on m'a dit qu'en plein
Vous luy ferriez la main & luy parliez d'amour.

DORANTE.

Quelqu'vn aupres de vous m'a fait cette impofture.   CLARICE à Lucrece.
Efcoutez l'impofteur, c'eft hazard s'il n'en iure.

DORANTE.

Que du Ciel...
            CLARICE à Lucrece.
      L'ay ie dit?

DORANTE.

                        l'efprouue le couroux,
Si i'ay parlé, Lucrece , à perfonne qu'à vous!

CLARICE.

Ie ne puis plus fouffrir vne telle impudence.
Apres ce que i'ay veu moy-mefme en ma pre-
      fence,
Vous couchez d'impofture, & vous ofez iurer
Comme fi ie pouuois vous croire ou l'endurer!
                        Adieu

Adieu, retirez-vous, & croyés, ie vous prie,
Que souuent ie m'esgaye ainsi par raillerie,
Et que pour me donner des passe-temps si doux,
I'ay donné cette baye à bien d'autres qu'à vous.

SCENE VI.

DORANTE, CLITON.

CLITON.

ET bien, vous le voyez, l'histoire est descou-
uerte.

DORANTE.

Ah Cliton, ie me trouue à deux doigts de ma
perte.

CLITON.

Vous en auez sans doute vn plus heureux succez,
Et vous auez gaigné chez elle vn grand accez :
Mais ie suis ce fascheux qui nuis par ma presence,
Et vous fais sous ces mots estre d'intelligence.

DORANTE.

Peut estre, qu'en crois-tu ?

CLITON.

                    Le peut-estre est gaillard.

DORANTE.

Penses-tu qu'apres tout i'en quitte encor ma
part ?

CLITON.

Si iamais cette part tomboit dans le commerce,
Quelque espoir dont l'appas vous endorme, ou
vous berce,
Si vous trouuiez marchand pour ce tresor caché,
Ie vous conseillerois d'en faire bon marché.

DORANTE.

Mais pourquoy si peu croire vn feu si veritable?

CLITON.

A chaque bout de champ vous mentez comme
vn Diable.   C 2   DO-

DORANTE.

Ie difois verité.

CLITON.

Quand vn menteur la dit,
En paffant par fa bouche elle perd fon credit.

DORANTE.

Il faut donc effayer fi par quelqu'autre bouche
Elle receura point vn accueil moins farouche.
Allons fur le cheuet refuer quelque moyen
D'auoir de l'incredule vn plus doux entretien,
Souuent leur belle humeur fuit le cours de la Lu-
ne,
Telle rend des mefpris qui veut qu'on l'importu-
ne,
Mais de quelques effets que les fiens foyët fuiuis,
Il fera demain iour, & la nuit porte aduis.

Fin du troifiéme Acte.

ACTE IV.

SCENE PREMIERE.

DORANTE, CLITON.

CLITON.

Ais, Monfieur, penfez-vous qu'il
foit iour chez Lucrece ?
Pour fortir fi matin elle a trop de pa-
reffe.

DORANTE.

On trouue bien fouuent plus qu'on ne croit trouuer,
Et ce lieu pour ma flame eft plus propre à refuer,
n puis voir fa feneftre, & de fa chere idée.
on ame a cét afpect fera mieux poffedée.

CLI-

CLITON.

A propos de refuer, n'auez vous rien trouué
Pour feruir de remede au defordre arriué?

DORANTE.

Ie me fuis fouuenu d'vn fecret que toy-mefme
Me donnois hier pour grand, pour rare, pour fu-
                préme.
Vn amant obtient tout quand il eft liberal.

CLITON.   (mal,
Le fecret eft fort beau, mais vous l'appliquez
Il ne fait reüffir qu'aupres d'vne coquette.

DORANTE.

Ie fçay ce qu'eft Lucrece, elle eft fage, & difcrette,
A luy faire prefent mes efforts feroient vains,
Elle a le cœur trop bon : mais fes gens ont des-
                mains,
Et quoy que fur ce point elle les defaduouë,
Auec vn tel fecret leur langue fe defnouë,
Ils parlent, & fouuent on les daigne efcouter.
A quelque prix qu'ils foyent, il m'en faut ache-
                pter.
Si cellecy venoit qui m'a rendu fa lettre,
Apres ce qu'elle a fait, i'ofe tout m'en promettre,
Et ce fera hazard, fi fans beaucoup d'effort
Ie ne trouue moyen de luy payer le port.

CLITON.

Certes vous dites vray, i'en iuge par moy-mefine,
Ce n'eft point mon humeur de refufer qui m'ay-
                me,
Et comme c'eft m'aymer que me faire prefent,
Ie fuis toufiours alors d'vn efprit complaifant.

DORANTE.

Il eft beaucoup d'humeurs pareilles à la tienne.

CLITON.

Mais Monfieur, attendant que Sabine furuienne,
Et que fur fon efprit vos dons facent vertu,

Il court quelq; bruit sourd qu'Alcippe s'est battu.

DORANTE.

Contre qui ?

CLITON.

L'on ne sçait, mais dedans ce murmure
A peu pres comme vous ie voy qu'on le figure,
Et si de tout le iour ie vous auois quitté,
Ie vous soupçonnerois de cette nouueauté.

DORANTE.

Tu ne me quittas point pour entrer chez Lucrece?

CLITON.

Ah, Monsieur, m'auriez vous ioüé ce tout d'a-
dresse ?

DORANTE.

Nous nous battismes hier, & i'auois fait serment
De ne parler iamais de cet euenement,
Mais à toy, de mon cœur l'vnique secretaire,
A toy, de mes secrets le grand depositaire,
Ie ne celeray rien puisque ie l'ay promis.
Depuis cinq ou six mois nous estions ennemis,
Il passa par Poitiers, où nous prismes querelle,
Et comme on nous fit lors vne paix telle quelle,
Nous sçeusmes l'vn à l'autre en secret protester
Qu'à la premiere veuë il en faudroit taster.
Hier nous nous rencontrons, cette ardeur si ré-
ueille,
Fait de nostre embrassade vn appel à l'oreille,
Ie me défais de toy, i'y cours, ie le rejoins,
Nous vuidons sur le pré l'affaire sans tesmoins,
Et le perçant à iour de deux coups d'estocade,
Ie le mets hors d'estat d'estre iamais malade,
Il tombe dans son sang.

CLITON.

      A ce conte, il est mort.

DORANTE.

Ie le laissay pour tel.

CLITON.

Certes, ie plains son sort,
Il estoit honneste homme, & le Ciel ne desploye...

SCENE II.

DORANTE, ALCIPPE, CLITON.

ALCIPPE.

IE te veux, cher amy, faire part de ma ioye,
Ie suis heureux, mon pere....

DORANTE.

Et bien ?

ALCIPPE.

Vient d'arriuer,

CLITON à *Dorante*.

Cette place pour vous est commode à resuer.

DORANTE.

Ta ioye est peu commune , & pour reuoir un pere
Vn homme tel que nous ne se resiouyr guere.

ALCIPPE.

Vn esprit que la ioye entierement saisit
Croit qu'on doiue l'entendre au moindre mot
          qu'il dit.
Sçache donc que ie touche à l'heureuse iournée
Qui doit auec Clarice vnir ma destinée ,
On attendoit mon pere afin de tout signer.

DORANTE.

C'est ce que mon esprit ne pouuoit deuiner.
Mais ie m'en resiouys. Tu vas entrer chez elle ?

ALCIPPE.

Ouy, ie luy vay porter cette heureuse nouuelle,
Et ie t'en ay voulu faire part en passant.

DORANTE.   (sant,

Tu t'acquiers d'autant plus vn cœur recognois-
Enfin donc ton amour ne craint plus de disgrace?

ALCIPPE.

Cependant qu'au logis mon pere se delasse,
I'ay voulu par deuoir prendre l'heure du sien.

CLITON à Dorante.

Les gens que vous tuez se portent assez bien.

ALCIPPE.

Ie n'ay de part ny d'autre aucune défiance,
Excuse d'vn amant la iuste impatience.
Adieu.　　DORANTE.

　　Le Ciel te donne vn Hymen sans soucy.

SCENE III.
DORANTE, CLITON.

CLITON.

Il est mort ! quoy, Monsieur, vous m'en don-
　nez aussi?
A moy, de vostre cœur l'vnique secretaire?
A moy, de vos secrets le grand depositaire ?
Auec ces qualites i'avois lieu d'esperer
Qu'assez malaisément ie pourrois m'en parer.

DORANTE.

Quoy, mon combat te semble vn conte imaginai-
　re ?　　CLITON.

Ie croiray tout , Monsieur, pour ne vous pas
　desplaire,
Mais vous en contez tant , à toute heure , en tout
　lieu,
Que quiconque en eschape est bin aymé de Dieu.
More, Iuif, ou Chrestien , vous n'espargnez per-
　sonne,

DORANTE.

Alcippe te surprend, sa guerison t'estonne,
L'estat où ie le mis estoit fort perilleux,
Mais il est à present des secrets merueilleux,
Ne t'a-ton point parlé d'vne source de vie,

Que nomment nos guerriers poudre de Sympa-
      thie?
On en voit tous les iours des effets estonnants.

CLITON.

Encor ne sont ils pas du tout si suprenants
Et ie n'ay point apris qu'elle eust tant d'efficace,
Qu'vn homme que pour mort on laisse sur la
      place,
Qu'on a de deux grands coups percé de part en
      part,
Soit dés le lendemain si frais & si gaillard.

DORANTE.

La poudre que tu dis n'est que de la commune,
On n'en fait plus de cas: mais, Clitō, i'en sçais vne
Qui rappelle si tost des portes du trespas,
Qu'en moins de fermer l'œil on ne s'en souuient
      pas.
Quiconque la sçait faire a de grands aduantages.

CLITON.

Donnez m'en le secret, & ie vous sers sans gages,

DORANTE.

Ie te le donnerois, & tu serois heureux,
Mais le secret cōsiste en quelques mots Hebreux,
Qui tous à prononcer sont si fort difficiles,
Que ce seroit pour toy des tresors inutiles.

CLITON.

Vous sçauez donc l'Hebreu!

DORANTE.

         L'Hebreu? parfaitement,
I'ay dix langues, Cliton, à mon commandement.

CLITON.

Vous auez bien besoin de dix des mieux nourries
Pour fournir tour à tour à tant de menteries.
Vous les hachez menu comme chair à pastez.
Vous auez tout le corps bien plein de veritez,
Il n'en sort iamais vne.

DORANTE.

                    Ah ceruelle ignorante!
Mais mon pere furuient.

SCENE IV.

GERONTE, DORANTE, CLITON.

GERONTE.

IE vous cherchois , Dorante,

DORANTE.
Ie ne vous cherchois , pas moy. Que mal à propos
Son abord importun vient troubler mon repos,
Et qu'vn pere incommode vn homme de mon
      aage!   GERONTE.
Veu l'eftroite vnion que fait le mariage,
I'eftime qu'en effet c'eft n'y confentir point
Que laiffer defvnis ceux que le Ciel a ioint,
La raifon le défend , & ie fens dans mon ame
Vn violent defir de voir icy ta femme,
I'efcry donc à fon pere, efcry luy comme moy.
Ie luy mande qu'apres ce que i'ay fçeu de toy
Ie me tiens trop heureux qu'vne fi belle fille,
Si fage, & fi bien née , entre dans ma famille.
I'adioufte a ce difcours que ie brufle de voir
Celle qui de mes ans deuient l'vnique efpoir
Que pour me l'amener tu t'en vas en perfonne,
Car enfin il le faut, & le deuoir l'ordonne,
N'enuoyer qu'vn valer fentiroit fon mefpris.

DORANTE.
De vos ciuilitez il fera bien furpris,
Et pour moy ie fuis preft ; mais ie perdray ma
      peine,
Il ne fouffrira pas encor qu'on vous l'améne,
Elle eft groffe.

                              GE-

GERONTE.
Elle est grosse!

DORANTE.
Et de plus de six mois.

GERONTE.
Que de rauissements ie sens à cette fois!

DORANTE.
Vous ne voudriez pas hazarder sa grossesse?

GERONTE.
Non, i'auray patience autant que d'allegresse,
Pour hazarder ce gage il m'est trop precieux.
A ce coup ma priere a penetré les Cieux,
Ie pense en le voyant que ie mourray de ioye.
Adieu, ie vay changer la lettre que i'enuoye,
En escrire à son pere vn nouueau compliment,
Le prier d'auoir soin de son accouchement,
Comme du seul espoir où mon bonheur se fonde.

DORANTE à *Cliton.*
Le bon homme s'en va le plus content du móde.

GERONTE *se retournant.*
Escry-luy comme moy.

DORANTE.
Ie n'y manqueray pas.

Qu'il est bon !

CLITON.
Taisez-vous, il reuient sur ses pas.

GERONTE.
Il ne me souuient plus du nom de ton beau-pere,
Comment s'appelle-t'il.

DORANTE.
Il n'est pas necessaire,
Sans que vous vous donniez ces soucys super-
    flus,
En fermant le paquet i'escriray le dessus.

GERONTE.
Estant tout d'vne main il sera plus honneste.

D o-

DORANTE.
Ne luy pourray-ie oster ce soucy de la teste?
Voſtre main , ou la mienne , il n'importe des
    deux.

GERONTE.
Ces nobles de Prouince y ſont vn peu faſcheux.

DORANTE.
Son pere ſçait la Cour.

GERONTE.
            Ne me fay plus attendre,

Dy moy....

DORANTE.
        Que luy diray ie?

GERONTE.
            Il s'appelle?

DORANTE.
            Pyrandre.

GERONTE.
Pyrandre ! tu m'as dit tantoſt un autre nom;
C'eſtoit, ie m'en ſouuiens , oüy , c'eſtoit Arme-
    don.

DORANTE.
Oüy , c'eſt là ſon nom propre , & l'autre d'vne
    terre,
Il portoit ce dernier quand il fut à la guerre,
Et ſe ſert ſi ſouuent de l'vn & l'autre nom,
Que tantoſt c'eſt Pyrandre , & tantoſt Armedon.

GERONTE.
C'eſt vn abus commun qu'authoriſe l'vſage,
Et i'en vſois ainſi du temps de mon ieune aage.
Adieu, ie vais eſcrire.

SCENE V.

DORANTE, CLITON.

DORANTE.

EN fin i'en suis sorty.

CLITON.

Il faut bonne memoire apres qu'on a menty.

DORANTE,

L'esprit a secouru le defaut de memoire.

CLITON.

Mais on esclaircira bien-tost toute l'histoire.
A pres ce mauuais pas où vous auez bronché
Le reste encor long-temps ne peut estre caché,
On le sçait chez Lucrece, & chez cette Clarice
Qui d'vn mespris si grand piquée auec iustice,
Dans son ressentiment prendra l'occasion
De vous couurir de honte & de confusion.

DORANTE.

Ta crainte est bien fondée, & puisque le temps
        presse,
Il faut tascher en haste à m'engager Lucrece,
Voicy tout à propos ce que i'ay souhaité.

SCENE VI.

DORANTE, CLITON, SABINE.

DORANTE.

CHere amie, hier au soir i'estois si transporté,
Que l'aise que i'auois ne pût pas me permettre
De bien penser à toy quand i'eus leu cette lettre:
Mais tu n'y perdras rien, & voicy pour le port.

SABINE.

Ne croyez pas, Monsieur...

DORANTE.

Tien.

SABINE.

Vous me faites tort,
Ie ne suis pas de…

DORANTE.

Pren.

SABINE.

Hé, Monsieur.

DORANTE.

Pren, te dis-ie,
Ie ne suis point ingrat alors que l'on m'oblige.
Dépesche, tends la main.

CLITON.

Qu'elle y fait de façons!
Ie luy veux par pitié donner quelques leçons.
Chere amie, entre nous, toutes tes reuerences
En ces occasions ne font qu'impertinences,
Si ce n'est assez d'vne, ouure toutes les deux,
Le meftier que tu fais ne veut point de honteux.
Sans te piquer d'honneur croy qu'il n'est que de
      prendre.
Et que tenir vaut mieux mille fois que d'attendre.
Cette pluye est fort douce, & quand i'en voy
      pleuuoir.
I'ouurirois iusqu'au cœur pour la mieux receuoir.
On prend à toutes mains dans le siecle où nous
      sommes,
Et refuser n'est plus le vice des grands hommes.
Retien bien ma doctrine, & pour faire amitié,
Si tu veux, auec toy ie seray de moitié.

SABINE.

Cét article est de trop.

DORANTE.

Vois-tu, ie me propose
De faire auec le temps pour toy toute autre chose,
                                          Mais

Mais comme i'ay receu cette lettre de toy,
En voudrois-tu donner la responce pour moy?
SABINE.
Ie la donneray bien, mais ie n'ose vous dire
Que ma maistresse daigne, où la prendre, ou la lire;
I'y feray mon effort.
CLITON.
      Voyez, elle se rend
Plus douce qu'vne espouse, & plus souple qu'vn
  gand.
DORANTE.
Le secret a ioüé, presente-li, n'importe,
Elle n'a pas pour moy d'auersion si forte,
Ie reuiens dans vne heure en apprendre l'effet.
SABINE.
Ie vous conteray lors tout ce que i'auray fait.

SCENE VII.

CLITON, SABINE.

CLITON.

TV vois que les effets prennent les paroles,
Il est homme qui fait litiere de pistoles,
Mais comme aupres de luy ie puis beaucoup pour
  toy..
SABINE.
Fay tomber de la pluye, & laisse faire à moy.
CLITON.
Tu viens d'entrer en goust.
SABINE.
      Auec mes reverences
Ie ne suis pas encor si dupe que tu penses,
Ie sçay bien mon mestier, & ma simplicité
Ioüe aussi bien son jeu que ton auidité.
CLITON.
Situ sçais ton mestier, dy-moy quelle esperance
        Doit

Doit obſtiner mon maiſtre à la perſeuerance.
Sera t'elle inſenſible ? en viendrons-nous à bout?

SABINE.

Puiſqu'il eſt ſi braue homme , il faut te dire tout.
Pour te deſabuſer , ſçache donc que Lucrece
N'eſt rien moins qu'inſenſible à l'ardeur qui le
    preſſe ,
De toute cette nuit elle n'a point dormy ,
Et ſi ie ne me trompe , elle l'ayme à demy.

CLITON.

Mais ſur quel priuilege eſt-ce qu'elle ſe fonde,
Quand elle ayme à demy, de mal traiter le monde?
Il n'en a cette nuit receu que des meſpris.
Chere amie, apres tout, mõ maiſtre vaut ſon prix,
Ces amours à demy ſont d'vne eſtrange eſpece,
Et s'il me vouloit croire il quitteroit Lucrece.

SABINE.

Qu'il ne ſe haſte point , on l'ayme , aſſeurement.

CLITON.

Mais on le luy teſmoigne vn peu bien rudement,
Et ie ne vy iamais de methodes pareilles.

SABINE.

Elle tient , comme on dit , le loup par les oreilles,
Elle l'ayme, & ſon cœur n'y ſçauroit conſentir
Parce que d'ordinaire il ne fait que mentir.
Hier meſme elle le vit dedans les Thuilleries
Où tout ce qu'il conta n'eſtoient que menteries,
Il en a fait autant depuis à deux , ou trois.

CLITON.

Les menteurs les plus grands diſent vray quelque-
    fois.

SABINE.

Elle a lieu de douter & d'eſtre en defiance.

CLITON.

Qu'elle donne à ſes feux vn peu plus de croyance.
Il n'a fait toute nuit que ſouſpirer d'ennuy.

                                    SA-

SABINE.

Peut-estre que tu ments aussi bien comme luy.

CLITON.

Ie suis homme d'honneur, tu me fais iniustice,

SABINE.

Mais dy-moy, sçais-tu bien qu'il n'ayme plus
Clarice ?

CLITON.

Il ne l'ayma iamais.

SABINE.

Pour certain ?

CLITON.

Pour certain.

SABINE.

Qu'il ne craigne donc plus de souspirer en vain.
Aussi-tost que Lucrece a pû le recognoistre.
Elle a voulu qu'expres ie me sois fait paroistre
Pour voir si par hazard il ne me diroit rien,
Et s'il l'ayme en effet, tout le reste ira bien.
Va t'en, & sans te mettre en peine de m'instruire,
Croy que ie luy diray tout ce qu'il luy faut dire.

CLITON.

Adieu, de ton costé si tu fais ton deuoir,
Tu dois croire du mien que ie feray pleuuoir.

SCENE VIII.

SABINE, LVCRECE.

SABINE.

Qve ie vay bien-tost voir vne fille contente,
Mais la voicy desià, qu'elle est impatiente?
Elle meurt de sçauoir que chante le poulet.

LVCRECE.

Et bien que t'ont conté le maistre & le valet?

SA-

S A B I N E.

Le maiſtre & le valet m'ont dit la meſme choſe,
Le maiſtre eſt tout à vous, & voicy de ſa proſe.

L V C R E C E *apres auoir leu.*

Dorante auec chaleur fait le paſſionné,
Mais le fourbe qu'il eſt nous en a trop donné,
Et ie ne ſuis pas fille à croire ſes paroles.

S A B I N E.

Ie ne les croy non plus, mais i'en croy ſes piſtoles.

L V C R E C E.

Il t'a donc fait preſent.

S A B I N E.

Voyez.

L V C R E C E.

Et tu l'as pris?

S A B I N E.

Pour vous oſter du trouble où flottent vos eſprits,
Et vous mieux teſmoigner ſes flames veritables,
I'en ay pris les teſmoins les plus indubitables,
Et ie remets, Madame, au iugement de tous
Si qui donne à vos gens eſt ſans amour pour vous.
Et ſi ce traitement marque vne ame commune.

L V C R E C E.

Ie ne m'oppoſe pas à ta bonne fortune,
Mais comme en l'acceptant tu ſors de ton deuoir,
Du moins vne autre fois ne m'en fay rien ſçauoir.

S A B I N E.

Mais à ce liberal que pourray je promettre?

L V C R E C E.

Dy-luy que ſans la voir i'ay deſchire ſa lettre.

S A B I N E.

O ma bonne fortune, où vous enfuyez vous?

L V C R E C E.

Meſles y de ta part deux ou trois mots plus doux,
Conte-luy dextrement le naturel des femmes,
Qu'auec vn peu de temps on amollit leurs ames,

Et

Et l'aduerty fur tout des heures & des lieux
Qu'il peut me rencontrer & paroiftre à mes yeux.
Parce qu'il eft grand fourbe, il faut que ie m'af-
    feure.

S A B I N E.

Ah, fi vous cognoifliez les peines qu'il endure,
Vous ne douteriez plus fi fon cœur eft atteint,
Toute nuit il foufpire, il gemit, il fe plaint.

L V C R E C E.

Pour appaifer les maux que caufe cette plainte
Donne luy de l'efpoir auec beaucoup de crainte,
Et fçache entre les deux toufiours le moderer
Sans m'engager à luy, ny le defefperer.

S C E N E   IX.

C L A R I C E, L V C R E C E, S A B I N E.

C L A R I C E.

IL t'en veut tout de bon, & m'en voilà défaite,
Mais ie fouffre ayfément la perte que i'ay faite,
Alcippe la répare, & fon pere eft icy.

L V C R E C E.

Te voilà donc bien toft quitte d'vn grand foucy?

C L A R I C E.

M'en voilà bien toft quitte, & toy, te voilà pre-
    fte
A t'enrichir bien-toft d'vne eftrange conquefte.
Tu fçais ce qu'il m'a dıt.

S A B I N E.

                    S'il vous mentoit alors,
A prefent il dit vray, i'en refpons corps pour
    corps.

C L A R I C E.

Peut eftre qu'il le dit, mais c'eft vn grand peut-
    eftre.

L v-

LVCRECE.
Dorante est vn grand fourbe & nous l'a fait co-
gnoistre,
Mais s'il continuoit encore à m'en conter,
Peut-estre auec le temps il me feroit douter.

CLARICE.
Si tu l'aymes, du moins estant bien aduertie
Pren bien garde à ton fait, & fay bien ta partie.

LVCRECE.
C'en est trop, & tu dois seulement presumer
Que ie suis pour le croire, & non pas pour l'ay-
mer.

CLARICE.
De le croire à l'aymer la distance est petite,
Qui fait croire ses feux fait croire son merite,
Ces deux point en amour se suiuent de si prés,
Que qui se croit aymée, ayme bien-tost aprés.

LVCRECE.
La curiosité souuent dans quelques ames
Produit le mesme effet que produiroient des fla-
mes.

CLARICE.
Ie suis preste à le croire afin de t'obliger.

SABINE.
Vous me feriez icy toutes deux enrager.
Voyez, qu'il est besoin de tout ce badinage!
Faites moins la sucrée, & changez de langage.
Où vous n'en casserez, ma foy, que d'vne dent.

LVCRECE.
Laissons-là cette folle, & me dy cependant,
Quand nous le vismes hier dedans les Thuilleries,
Qu'il te conta d'abord tant de galanteries,
Il fut, ou ie me trompe, assez bien escouté,
Estoit ce amour alors, ou curiosité?

CLARICE.
Curiosité pure, auec dessein de rire

De

De tous les compliments qu'il auroit pû me dire.
LVCRECE.
Ie fay de ce billet mefme chofe à mon tour,
Ie l'ay pris, ie l'ay lû, mais le tout fans amour,
Curiofité pure, auec deffein de rire
De tous les compliments qu'il auroit pû m'efcri-
re.
CLARICE.
Ce font deux que de lire, & d'auoir efcouté,
L'vn eft grande faueur, l'autre ciuilité:
Mais trouues-y ton conte, & i'en feray rauie,
En l'eftat où ie fuis i'en parle fans enuie.
LVCRECE.
Sabine luy dira que ie l'ay defchiré.
CLARICE.
Nul aduantage ainfi n'en peut eftre tiré,
Tu n'es que curieufe.
LVCRECE.
Adjoufte, à ton exemple.
CLARICE.
Soit, mais il eft faifon que nous allions au Temple.
LVCRECE *à Clarice.*
Allons.

A Sabine.
Si tu le vois, agy comme tu fçais.
SABINE.
Ce n'eft pas fur ce coup que ie fay mes effays.
Ie cognois à tous deux où tient la maladie,
Et le mal fera grand fi ie n'y remedie.
Mais fçachez qu'il eft homme à prendre fur le
vert.
LVCRECE.
Ie te croiray.

SABINE.
Mettons cette pluye à couuert.
Fin du quatriéme Acte.
ACTE

ACTE V.

SCENE PREMIERE.

GERONTE, ARGANTE,

ARGANTE.

 A suite d'vn proces est vn fascheux
martyre.

GERONTE.

Veu ce que ie vous suis, vous n'auiez
qu'à m'escrire,
Et demeurer chez vous en repos à Poitiers,
I'aurois sollicité pour vous en ces quartiers:
Le voyage est trop long, & dans l'aage ou vous
estes
La santé s'interesse aux efforts que vous faites.
Mais puisque vous voicy, ie veux vous faire voir
Et si i'ay des amys, & si i'ay du pouuoir.
Faites moy la faueur cependant de m'apprendre
Quelle est & la famille, & le bien de Pyrandre.

ARGANTE.

Quel est-il, ce Pyrandre ?

GERONTE.

        Vn de vos citoyens,
Noble, à ce qu'on m'a dit, mais vn peu mal en
biens.

ARGANTE.

Il n'est dans tout Poitiers Bourgeois ny Gentilhomme
Qui (si ie m'en souuiens) de la sorte se nomme.

GERONTE.

Vous le cognoistrez mieux peut-estre à l'autre
nom,
Cé Pyrandre s'appelle autrement Armedon.

                         AR-

ARGANTE.
Aussi peu l'vn que l'autre.

GERONTE.

           Et le pere d'Orphise,
Cette rare beauté qu'icy mesme on prise ?
Vous cognoistrez le nom de cét objet charmant
Qui de vostre Poitiers est l'vnique ornement.

ARGANTE.
Croyez que cette Orphise, Armedon, & Pyrandre,
Sont gens dont à Poitiers on ne peut rien appren-
      dre ,
S'il vous faut sur ce point encor quelque garand...

GERONTE.
En faueur de mon fils vous faites l'ignorant.
Mais ie ne sçay que trop qu'il ayme cette Orphise,
Et qu'apres les douceurs d'vne longue hantise
On l'a seul dans sa chambre auec elle trouué,
Que par son pistolet vn desordre arriué
L'a forcé sur le champ d'espouser cette belle ,
Ie sçay tout, & de plus ma bonté paternelle
M'a fait y consentir , & vostre esprit discret
N'a plus d'occasion de m'en faire vn secret.

ARGANTE.
Quelque enuieux sans doute auec cette Chimere
A voulu mettre mal le fils auprés du pere.
Et l'histoire, & les noms , tout n'est qu'imagine,
Pour tomber dans ce piege il estoit trop bien né.
Il auoit trop de sens, & trop de préuoyance,
A de si faux rapports donnez moins de croyance.

GERONTE.
C'est ce que toutefois i'ay peine à conceuoir,
Celuy dont ie le tiens disoit le bien sçauoir,
Et ie tenois la chose assez indifferente.
Mais dans vostre Poitiers quel bruit auoit Doran-
    te ?   ARGANTE.
D'homme de cœur, d'esprit, adroit & resolu,

Il a paſſé par tout pour ce qu'il a voulu.
Tout ce qu'on le blaſmoit (mais c'eſtoient tours
          d'eſcole)
C'eſt qu'il faiſoit mal ſeur de croire à ſa parole,
Et qu'il ſe fioit tant ſur ſa dexterité
Qu'il diſoit peu ſouuent deux mots de verité,
Mais ceux qui le blaſmoient excuſoient ſa ieu-
          neſſe,
Et comme enfin ce n'eſt que mauuaiſe fineſſe,
Et l'aage, & voſtre exemple , & vos enſeignemêts
Luy feront bien quitter ces diuertiſſements.
Faites qu'il s'en corrige auant que l'on le ſçache,
Ils pourroient à ſon nom imprimer quelque ta-
          che.
Adieu, ie vay reſuer vne heure à mon procez.
G E R O N T E.
Le Ciel ſuiuant mes vœux en regle le ſuccez.

S C E N E   II.

G E R O N T E.

O Vieilleſſe facile ! ô ieuneſſe impudente !
    O de mes cheueux gris honte trop euidente!
Eſt-il deſſous le Ciel pere plus malheureux?
Eſt-il affront plus grand pour vn cœur genereux?
Dorante n'eſt qu'vn fourbe , & cét ingrat que
          i'ayme
Apres m'auoir fourbé me fait fourber moy-meſ-
          me,
Et d'vn diſcours en l'air que forme l'impoſteur
Il m'en fait le trompette & le ſecond autheur !
Comme ſi c'eſtoit peu pour mon reſte de vie
De n'auoir à rougir que de ſon infamie ,
L'infame ſe ioüant de mon trop de bonté
Me fait encor rougir de ma credulité.

S C E-

SCENE III.
GERONTE, DORANTE, CLITON.

GERONTE.

EStes-vous Gentilhomme ?
DORANTE.
                    Ah , rencontre fascheuse!
Estant sorty de vous la chose est peu douteuse.
GERONTE.
Croyez vous qu'il suffit d'estre sorty de moy?
DORANTE.
Auec toute la France aysémént ie le croy.
GERONTE.
Et ne sçauez vous point auec toute la France,
D'où ce tiltre d'honneur a tiré sa naissance,
Et que la vertu seule a mis en ce haut rang
Ceux qui l'ont iusqu'à nous fait passer dans leur
      sang?
DORANTE.
I'ignorerois vn point que n'ignore personne,
Que la vertu l'acquiert, comme le sang le donne.
GERONTE.
Ou le sang a manqué, si la vertu l'acquiert,
Ou le sang l'a donné, le vice aussi le pert,
Ce qui naist d'vn moyen perit par son contraire,
Tout ce que l'vn a fait, l'autre le peut defaire,
Et dans la lascheté du vice où ie te voy
Tu n'es plus Gentilhomme estant sorty de moy.
DORANTE.
Moy?

GERONTE.
    Laisse-moy parler, toy de qui l'imposture
Soüille honteusement ce don de la nature,
Qui se dit Gentilhomme , & ment comme tu fais,
              D   II

Il ment quant il le dit, & ne le fut iamais,
Eſt-il vice plus laſche? eſt-il tache plus noire,
Plus indigne d'vn homme éleué pour la gloire?
Eſt-il quelque foibleſſe? eſt-il quelque action
Dont vn cœur vrayement noble ait plus d'auer-
　　ſion,
Puiſqu'vn ſeul dementy luy porte vne infamie
Qu'il ne peut effacer s'il n'expoſe ſa vie,
Et ſi dedans le ſang il ne laue l'affront
Qu'vn ſi honteux outrage imprime ſur ſon front?
DORANTE.

Qui vous dit que ie mens?
GERONTE.

Qui me le dit, infame!

Dy-moy, ſi tu le peux, dy le nom de ta femme,
Le conte qu'hier au ſoir tu m'en fis publier.
CLITON à Dorante.

Dites que le ſommeil vous l'a fait oublier.
GERONTE.

Adiouſte, adiouſte encor auec effronterie
Le nom de tout beau pere & de ſa ſeigneurie,
Inuente à m'esbloüir quelques nouueaux de-
　　ſtours.
CLITON à Dorante.

Appellez la memoire, ou l'eſprit au ſecours.
GERONTE.

De quel front cependant faut il que ie confeſſe;
Que ton effronterie a ſurpris ma vieilleſſe,
Qu'vn homme de mon aage a crû legerement
Ce qu'vn homme dú rien debite impudemment?
Tu me fais donc ſeruir de fable & de riſée,
Paſſer pour eſprit foible, & pour ceruelle vſée!
Mais dy moy, te portois-ie à la gorge vn poi-
　　gnard?
Voyois tu violence ou couroux de ma part?
Si quelque auerſion t'eſloignoit de Clarice,
Quel

Quel besoin auois-tu d'vn si lasche artifice?
Et pouuois-tu douter que mon consentement
Ne deust tout accorder à ton contentement,
Puisque mon indulgence au dernier point venuë
Consentoit à tes yeux l'hymen d'vne incognuë?
Ce grand excez d'amour que ie t'ay resmoigné
N'a point touché ton cœur, ou ne l'a point gai-
     gné,
Ingrat tu m'as payé d'vne impudente feinte,
Et tu n'as eu pour moy respect, amour, ny crain-
     te.
Va, ie te desaduouë.

DORANTE.

    Hé, mon pere, escoutez...

GERONTE.

Quoy, des contes en l'air & sur l'heure inuentez?

DORANTE.

Non, la verité pure.

GERONTE.

    En est-il dans ta bouche?

CLITON à Dorante.

Voicy pour vostre adresse vne assez rude touche.

DORANTE.

Espris d'vne beauté qu'à peine ay-ie pû voir
Qu'elle a pris sur mon ame vn absolu pouuoir,
De Lucrece, en vn mot, vous la pouuez cognoi-
    stre.   GERONTE.
Dy vray, ie la cognois, & ceux qui l'ont fait nai-
    stre,
Son pere est mon amy.

DORANTE.

    Mon cœur en vn moment
Estant de ses regards charmé si puissamment,
Le choix que vos bontez auoient fait de Clarice,
Si tost que ie le sçeus, me parut vn supplice:
Mais comme i'ignorois si Lucrece & son sort

D 2   Pou-

Pouuoient auec le voftre auoir quelque rapport,
Ie n'ofay pas encor vous defcouurir la flame
Que venoient fes beautez d'allumer dans mon
    ame,
Et i'auois ignoré, Monfieur, iufqu'à ce iour
Que la dexterité fuft vn crime en amour:
Mais fi ie vous ofois demander quelque grace,
A prefent que ie fçais & fon bien, & fa race,
Ie vous conjurerois par les nœuds les plus doux
Dont l'amour & le fang puiflent m'vnir à vous,
De feconder mes vœux auprés de cette belle,
Obtenez-la d'vn pere, & ie l'obtiendray d'elle.

GERONTE.

Tu me fourbes encor.

DORANTE.

Si vous ne m'en croyez,

Croyez-en, pour le moins, Cliton que vous
    voyez,
Il fçait tout mon fecret.

GERONTE.

Tu ne meurs pas de honte

Qu'il faille que de luy ie faffe plus de conte,
Et que ton pere mefme en doute de ta foy
Donne plus de croyance à ton valet qu'à toy?
Efcoute, ie fuis bon, & ma'gré ma colere
Ie veux encore vn coup monftrer vn cœur de
    pere,
Ie veux encor vn coup pour toy me hazarder,
Ie cognoy ta Lucrece, & la vay demander;
Mais fi de ton cofté le moindre obftacle ariue...

DORANTE.

Pour vous mieux affeurer fouffrez que ie vous
    fuiue.

GERONTE.

Demeure icy, demeure, & ne fuy point mes pas,
Ie doute, ie hazarde, & ie ne te croy pas.

Mais

Mais sçache que tantost si pour cette Lucrece
Tu fais la moindre fourbe, ou la moindre finesse,
Tu peux bié fuir mes yeux & ne me voir iamais,
Autrement, souuien-toy du serment que ie fais,
Ie iure les rayons du iour qui nous esclaire,   (re,
Que tu ne mouuras point que de la main d'vn pe-
Et que ton sang indigne à mes pieds respandu
Rendra prompte iustice à mon honneur perdu.

SCENE IV.
DORANTE, CLITON.
DORANTE.

IE crains peu les effets d'vne telle menace.
CLITON.
Vous vous rendez trop tost, & de mauuaise grace,
Et cét esprit adroit qui l'a dupé deux fois,
Deuoit en galant homme aller iusques à trois,
Toutes tierces, dit-on, sont bonnes, ou mauuaises.
DORANTE.
Cliton, ne raille point que tu ne me desplaises,
D'vn trouble tout nouueau i'ay l'esprit agité.
CLITON.
N'est-ce point du remords d'auoir dit verité?
Si pourtāt ce n'est point quelque nouuelle adresse,
Car ie doute à présent si vous aymez Lucrece,
Et vous voy si fertile en semblables destours
Que quoy que vous disiez, ie l'entens au rebours.
DORANTE.
Ie l'ayme, & sur ce point ta défiance est vaine,
Mais ie hazarde trop, & c'est ce qui me gesne.
Si son pere & le mien ne tombent point d'accord,
Tout commerce est rompu, ie fais naufrage au
   port,
Et qui sçait si d'ailleurs l'affaire entr'eux concluë
Rencontrera si tost la fille resoluë?

D 3

l'ay

I'ay tantoſt veu paſſer cét objet ſi charmant,
Sa compagne, ou ie meure, a beaucoup d'agrée-
　　ment,
Aujourd'huy que mes yeux l'ont mieux exami-
　　née,
De ma premiere amour i'ay l'ame vn peu geſnée,
Mon cœur entre les deux eſt preſque partagé,
Et celle cy l'auroit s'il n'eſtoit engagé.

C L I T O N.

Mais pourquoy donc monſtrer vne flame ſi gran-
　　de,
Et porter voſtre pere à faire la demande?

D O R A N T E.

Il ne m'auroit pas crû, ſi ie ne l'auois fait.

C L I T O N.

Quoy, meſme en diſant vray·vous mentiez en
　　effet?

D O R A N T E.

C'eſtoit le ſeul moyen d'appaiſer ſa colere.
Que maudit ſoit quiconq; a detrompé mon pere,
Auec ce faux Hymen i'aurois eu le loiſir
De conſulter mon cœur, & ie pourrois choiſir.

C L I T O N.

Mais ſa compagne enfin n'eſt autre que Clarice.

D O R A N T E.

Ie me ſuis donc rendu moy meſme vn bon office.
O qu'Alcippe eſt heureux, & que ie ſuis confus!
Mais Alcippe, apres tout, n'aura que mon refus.
N'y penſons plus, Cliton, puiſque la place eſt
　　priſe.

C L I T O N.

Vous en voilà defait auſſi bien que d'Orphiſe.

D O R A N T E.

Raportons à Lucrece vn eſprit esbranlé
Que l'autre à ſes yeux meſme auoit preſque volé,
Mais Sabine ſuruient.

SCE-

SCENE V.

DORANTE, SABINE, CLITON.

DORANTE.

Qv'as tu fait de ma lettre
En de si belles mains as tu sçeu la remettre?

SABINE.

Ouy, Monsieur, mais...

DORANTE.

Quoy, mais?

SABINE.

Elle a tout deschiré

DORANTE.

Sans lire ?

SABINE.

Sans rien lire.

DORANTE.

Et tu l'as enduré ?

SABINE.

Ah, si vous auiez veu comme elle m'a grondée,
Elle me va chasser, l'affaire en est vuidée.

DORANTE.

Elle s'appaisera, mais pour t'en consoler
Tends la main.

SABINE.

Hé, Monsieur.

DORANTE.

Ose encor luy parler,
Ie ne pers pas si tost toutes mes esperances.

CLITON.

Voyez la bonne piece auec ses reuerences,
Comme ses desplaisirs sont desià consolez,
Elle vous en dira plus que vous n'en voulez.

D 4   Do-

DORANTE.
Elle a donc deschiré mon billet sans le lire?

SABINE.
Elle m'auoit donné charge de vous le dire,
Mais à parler sans fard....

CLITON.
             Sçait elle son mestier?

SABINE.
Elle n'en a rien fait, & l'a leu tout entier,
Ie ne puis si long temps abuser vn braue homme.

CLITON.
Si quelqu'vn l'entend miéux, ie l'iray dire à Ro-
     me.   DORANTE.
Elle ne me hait pas, à ce conte?

SABINE.
               Elle? non.

DORANTE.
M'ayme-t'elle?

SABINE.
Non plus.

DORANTE.
           Tout de bon?

SABINE.
             Tout de bon.

DORANTE.
Ayme-t'elle quelque autre?

SABINE.
           Encor moins.

DORANTE.
           Qu'obtiendray-je?

SABINE.
Ie ne sçay.

DORANTE.
Mais enfin, dy moy.

SABINE.
           Que vous diray-je?
               D o-

DORANTE.

Verité.

SABINE.

Ie la dis.

DORANTE.

Mais elle m'aymera?

SABINE.

Peut estre.

DORANTE.

En quand encor ?

SABINE.

Quand elle vous croira.

DORANTE.

Quand elle me croira ? Que ma ioye est extréme!

SABINE.

Quand elle vous croira, dites qu'elle vous ayme.

DORANTE.

Ie le dis desià donc, m'en ose vanter,
Puisque ce cher objet n'en sçauroit plus douter,
Mon pere...

SABINE.

La voicy qui vient auec Clarice,

SCENE VI.

**CLARICE, LVCRECE, DORAN-
TE, SABINE, CLITON.**

CLARICE *à Lucrece.*

IL peut te dire vray, mais ce n'est pas son vice,
Comme tu le cognois, ne precipite rien.

DORANTE *à Clarice.*

Beauté qui pouuez seule & mon mal, & mon
bien...

CLARICE *à Lucrece.*

On diroit qu'il m'en veut, & c'est moy qu'il re-
garde.

LVCRECE.

Quelques regards sur-toy sont tombez par mef-
garde,
Voyons s'il continuë.

DORANTE à *Clarice.*

Ah, que loin de vos yeux
Les moments à mon cœur deuiennét ennuyeux,
Et que ie recognoy par mon experience
Quel supplice aux amants est vne heure d'absen-
ce !

CLARICE à *Lucrece.*

Il continuë encor.

LVCRECE.

Mais voy ce qu'il m'escrit.

CLARICE.

Mais escoute.

LVCRECE.

Tu prens pour toy ce qu'il me dit.

CLARICE.

Esclaircissons-nous-en. Vous m'aymez donc, Dorante,

DORANTE.

Helas ! que cette amour vous est indifferente !
Depuis que vos regards m'ont mis sous vostre
loy...

CLARICE à *Lucrece.*

Crois tu que le discours s'adresse encore à toy.

LVCRECE.

Ie ne sçais où i'en suis.

CLARICE.

Oyons la foutbe entiere.

LVCRECE.

Veu ce que nous sçauons , elle est vn peu grossiere.

CLARICE.

C'est ainsi qu'il partage entre nous son amour,
Il t'en conte de nuit , comme il me fait de iour.

Do-

DORANTE *à Clarice.*
Vous consultez ensemble ! Ah, quoy qu'elle vous
    die,
Sur de meilleurs conseils disposez de ma vie,
Le sien aupres de vous me seroit trop fatal,
Elle a quelque sujet de me vouloir du mal.
        LVCRECE *en elle mesme.*
Ah, ie n'en ay que trop , & si ie ne me vange...
        CLARICE *à Dorante.*
Ce qu'elle me disoit est de vray fort estrange.
            DORANTE.
C'est quelque inuention de son esprit jaloux.
            CLARICE.
Ie le croy, mais enfin , me recognoissez-vous?
            DORANTE.
Si ie vous recognoy? quittez ces railleries,
Vous que i'entretins hier dedans les Thuilleries,
Que ie fis aussi-tost maistresse de mon sort?
            CLARICE.
Se ie veux toutefois en croire son raport ,
Vostre ame du depuis ailleurs s'est engagée.
            DORANTE.
Pour vn autre desià ie vous aurois changée?
Que plustost à vos pieds mon cœur sacrifié.
            CLARICE.
Bien plus, si ie la croy, vous estes marié.
            DORANTE.
Vous me ioüez , Madame , & sans doute pour
    rire,
Vous prenez du plaisir à m'entendre redire
Qu'à dessein de mou ir en des liens si doux
Ie me suis marié pour tout autre que vous.
            CLARICE.
Et qu'auant que l'Hymen auecque moy vous
    lie,
Vous serez marié, si l'on veut, en Turquie.

                        D o.

DORANTE.

Dites , qu'auant qu'on puiſſe autrement m'enga-
    ger,
Ie ſeray marié , ſi l'on veut, en Alger.

CLARICE.

Mais enfin vous n'auez que meſpris pour Clari-
    ce.

DORANTE.

Mais enfin vous ſçauez le nœud de l'artifice.
Et que pour eſtre à vous ie fay ce que ie puis.

CLARICE.

Moy meſme à mon tour ie ne ſçais où i'en ſuis.
Lucrece , eſcoute vn mot.

DORANTE.

     Lucrece ! que dit-elle?

CLITON à Dorante.

Vous en tenez, Monſieur , Lucrece eſt la plus bel-
    le ,
Mais laquelle des deux , i'en ay le mieux iugé,
Et vous auriez perdu ſi vous auiez gagé.

DORANTE.

Cette nuit à la voix i'ay crû la recognoiſtre.

CLITON.

Clarice ſous ſons nom parloit à ſa feneſtre,
Sabine m'en a fait vn ſecret entretien.

DORANTE.

Bonne bouche , i'en tiens , mais l'autre la vaut
    bien,
Et comme dés tantoſt ne la trouuois bien faite
Mon cœur deſia panchoit où mon erreur le jette.
Ne me deſcouure point, & dans ce nouueau feu
Tu me vas voir , Cliton, ioüer un nouueau jeu,
Sans changer de diſcours changeons de batterie.

LVCRECE à Clarice.

Voyons le dernier point de ſon effronterie,
Quand tu luy diras tout il ſera bien ſurpris.

                      CLA-

CLARICE à *Dorante*.

Comme elle est mon amie, elle m'a tout appris,
Cette nuit vous l'aymiez, & m'auez mesprisée,
Laquelle de nous deux auez-vous abusée?
Vous luy parliez d'amour en termes assez doux.

DORANTE.

Moy? depuis mon retour ie n'ay parlé qu'à vous.

CLARICE.

Vous n'auez point parlé cette nuit à Lucrece?

DORANTE.

Vous n'auez point voulu me faire vn tour d'a-
dresse.
Et ie ne vous ay point recognuë à la voix?

CLARICE.

Nous diroit-il bien vray pour la premiere fois?

DORANTE.

Pour me vanger de vous i'eus assez de malice
Pour vous laisser ioüir d'vn si lourd artifice,
Et vous laissant passer pour ce que vous vou-
liez
Ie vous en donnay plus que vous ne m'en don-
niez.
Ie vous embarassay, n'en faites point la fine,
Choisissez vn peu mieux vos dupes à la mine,
Vous pensiez me ioüer, & moy ie vous ioüois,
Mais par de faux mespris que ie desaduoüois,
Car enfin ie vous ayme, & ie hay de ma vie
Les iours que i'ay vescus sans vous auoir seruie.

CLARICE.

Pourquoy, si vous m'aymez, feindre vn Hymen
en l'air
Quand vn pere pour vous est venu me parler?
Quel fruit de cette fourbe, osez-vous vous promettre ?

LVCRECE.

Pourquoy, si vous l'aymez, m'escrire cette lettre.

D o-

DORANTE *à Lucrece.*

I'ayme de ce couroux les principes cachez,
Ie ne vous deſplais pas puiſque vous vous fa-
ſchez.
Mais i'ay moy-meſme enfin aſſez ioüé d'adreſſe,
Il faut vous dire vray, ie n'ayme que Lucrece.

CLARICE *à Lucrece.*

Eſt-il vn plus grand fourbe ? & peux-tu l'eſcouter?

DORANTE *à Lucrece.*

Quand vous m'auez oüy, vous n'en pourrez
douter.
Sous voſtre nom, Lucrece, & par voſtre feneſtre
Clarice m'a fait piece, & ie l'ay ſçeu cognoiſtre,
Comme en y conſentant vous m'auez affligé,
Ie vous ay miſe en peine & ie m'en ſuis vangé.

LVCRECE.

Mais que diſiez-vous hier dedans les Thuilleries?

DORANTE.

Clarice fut l'objet de mes galanteries...

CLARICE *à Lucrece.*

Veux-tu long-temps encor eſcouter ce mocqueur?

DORANTE *à Lucrece.*

Elle auoit mes diſcours, mais vous auiez mon
cœur,
Où vos yeux faiſoient naiſtre vn feu que i'ay fait
taire,
Iuſqu'à ce que ma flame ait eu l'adueu d'vn pere:
Comme tout ce diſcours n'eſtoit que fiction,
Ie cachois mon retour & ma condition.

CLARICE *à Lucrece.*

Voy que fourbe ſur fourbe à nos yeux il entaſſe,
Et ne fait que ioüer des tours de paſſe-paſſe.

DORANTE *à Lucrece.*

Vous ſeule eſtes l'objet dont mon cœur eſt charmé.

L v

LVCRECE.
C'eſt ce que les effets m'ont fort mal confirmé.
DORANTE.
Si mon pere à preſent porte parole au voſtre,
Apres ſon teſmoignage en voudrez vous quel-
        qu'autre ?
LVCRECE.
Apres ſon teſmoignage il faudra conſulter
Si nous aurons encor quelque lieu d'en douter.
DORANTE à Lucrece.
Qu'à de telles clartés voſtre erreur ſe diſſipe.
        à Clarice.
Et vous, belle Clarice, aymez touſiours Alcippe,
Sans l'Hymen de Poitiers il ne tenoit plus rien,
Ie ne luy feray pas ce mauuais entretien,
Mais entre vous & moy vous ſçauez le myſtere,
Le voicy qui s'aduance ; & i'aperçoy mon pere.

SCENE VII.

GERONTE, DORANTE, ALCIP-
PE, CLARICE, LVCRECE,
ISABELLE, SABINE,
CLITON.

ALCIPPE ſortant de chez Clariee
& parlant à elle.

NOs parents ſont d'accord , & vous eſtes à
        moy.
GERONTE ſortant de chez
Lucrece & parlant à elle.
Voſtre pere à Dorante engage voſtre foy.
ALCIPPE à Clarice.
Vn ſeing de voſtre main, l'affaire eſt terminée,
GERONTE à Lucrece.
Vn mot de voſtre bouche acheue l'Hymenée.
                                Do-

DORANTE *à Lucrece.*
Ne soyez pas rebelle à seconder mes vœux.
ALCIPPE.
Estez-vous auiourd'huy muettes toutes deux?
CLARICE.
Mon pere a sur mes vœux vne entiere puissance.
LVCRECE.
Le deuoir d'vne fille est dans l'obeïssance.
GERONTE *à Lucrece.*
Venez donc receuoir ce doux commandement.
ALCIPPE *à Clarice.*
Venez donc adiouster ce doux consentement.
Alcippe rentre chez Clarice auec elle & Isabelle, &
le reste rentre chez Lucrece.
SABINE *à Dorante comme il rentre.*
Si vous vous mariez, il ne pleuura plus gueres.
DORANTE.
Ie changeray pour toy cette pluye en riuieres.
SABINE.
Vous n'aurez pas loisir seulement d'y penser,
Mon metier ne vaut rien quand on s'en peut
        passer,
CLITON *seul.*
Comme en sa propre fourbe vn menteur s'emba-
        rasse !
Peu sçauroient comme luy s'en tirer auec grace,
Vous autres qui doutiez s'il en pourroit sortir,
Par vn si rare exemple apprenez à mentir.

Fin du cinquieme & dernier Acte.